Svalbard
HEART OF THE ARCTIC

Svalbard betyr landet med de kalde kyster. Slik var det ikke alltid. For 400 millioner år siden lå øygruppa Svalbard ved Ekvator, men er nå Europas nordligste landområde med en befolkning på omkring 2600.
En nederlandsk ekspedisjon oppdaget Svalbard i 1596. Det ble starten på et kappløp om rike ressurser i et ingenmannsland. Først i 1925 ble Svalbard norsk land, med lik rett for alle nasjoner til å utnytte ressursene under norsk overhøyhet.
På begynnelsen av 1900-tallet startet utvinningen av kull. I de siste årtier er Svalbard blitt et viktig senter for omfattende internasjonal forskning.

Svalbard means 'the land with the cold coast'. It hasn't always been that way. 400 million years ago the Svalbard archipelago lay by the Equator, but is now Europe's northernmost land mass with a population of around 2600.
A Dutch expedition discovered Svalbard in 1596, starting a race to claim massive resources in 'No-Man's Land'. Norway gained sovereignty over Svalbard in 1925, where all nations have equal rights to exploit the resources under Norwegian hegemony.
Coal mining commenced in the early 20th century. In recent times Svalbard has become an important centre for all-embracing, international research.

Svalbard bedeutet „das Land mit der kalten Küste". So kalt ist es nicht immer gewesen. Vor 400 Mill. Jahren lag die Inselgruppe Svalbard am Äquator, heute jedoch ist sie die nördlichste Landmasse Europas mit einer Bevölkerung von ungefähr 2600 Einwohnern.
Eine niederländische Expedition entdeckte Svalbard im Jahre 1596. Damit begann der Wettlauf um die Ausbeute der reichen Ressourcen in diesem herrenlosen Land. Erst 1925 wurde Svalbard norwegisch, doch alle Nationen bekamen das gleiche Recht, die Ressourcen unter norwegischer Oberhoheit auszunutzen.
Anfang des 20. Jahrhunderts begann der Abbau von Kohle. In den letzten Jahrzehnten hat sich Svalbard zu einem wichtigen Zentrum umfassender internationaler Forschung entwickelt.

Svalbard signifie le pays aux côtes froides. Mais il n'en n'a pas toujours été ainsi. Il y a 400 millions d'années, l'archipel de Svalbard était situé vers l'équateur, alors qu'aujourd'hui il représente le territoire le plus septentrional d'Europe et comprend une population d'environ 2600 habitants.
Svalbard a été découvert en 1596 par une expédition hollandaise. C'était le début d'une course effrénée pour les ressources dans un "no man's land". C'est seulement en 1925 que Svalbard est devenu une terre norvégienne, avec, sous le protectorat norvégien, les mêmes droits pour toutes les nations à l'exploitation des ressources.
C'est au début des années 1900 qu'a commencé l'extraction de la houille. Pendant ces dix dernières années, Svalbard est devenu un centre important de vastes recherches internationales.

Energiverket, øverst til høyre, sørger for at Longyearbyen med sine vel 2000 innbyggere ligger som et lysende samfunn i polarmørket. Kullene som gir strøm kommer ikke lenger via taubanesentralen, øverst til venstre, men med lastebiler fra Gruve 7. Ved hjelp av egen energi har Longyearbyen også julegater som viser vei til taxfri handel i godt assorterte forretninger.

The power station (upper right) ensures Longyearbyen and its 2000 inhabitants stand out as a luminous community in the Arctic night. The coal providing the power no longer travels by aerial railway (upper left), but by trucks from Mine 7. With the aid of its own energy Longyearbyen also has Christmas streets that show the way to duty-free shopping in a wide variety of shops.

Das Kraftwerk (ganz oben rechts) sorgt dafür, dass Longyearbyen mit seinen über 2000 Einwohnern als leuchtendes Gemeinwesen in der polaren Dunkelheit liegt. Die Kohle zur Stromerzeugung kommt nicht mehr über die Seilbahnzentrale (ganz oben links), sondern mit Lastwagen aus Grube 7. Mit Hilfe selbsterzeugten Stroms weist die Weihnachtsbeleuchtung in den Strassen von Longyearbyen auch den Weg zu zollfreien Einkaufsmöglichkeiten in gut sortierten Geschäften.

En haut à droite, la centrale veille à ce que Longyearbyen, avec ses 2000 habitants, apparaisse comme une communauté lumineuse dans les nuits polaires. Le charbon procurant l'électricité n'est plus transporté via l'installation centrale, en haut à gauche, mais par des camions de la Mine 7. Grâce à sa propre énergie, Longyearbyen possède aussi ses illuminations de Noël montrant la voie des achats sans taxes dans des commerces bien achalandés.

Fullmåne over Adventdalen. Bølgende nordlys dekker himmelen. Bare lyden av sledemeier og rappe hundeføtter. Det skjer at inntrykkene blir så overveldende at tårene presser på i menneskets møte med naturens nærhet og den store stillhet under polarhimmelen.

Full moon over Adventdalen. Surging Northern Lights cover the heavens. Only the sound of sleds swishing and dog paws pounding the snow. So awesome are the impressions you can be moved to tears at this meeting with Nature in the vast silence beneath the Arctic skies.

Vollmond über dem Adventtal. Wallendes Nordlicht bedeckt den Himmel. Man hört den Laut von Schlittenkufen und laufenden Hundepfoten. Der Eindruck kann so überwältigend sein, dass diese Begegnung mit der Natur und der tiefen Ruhe unter dem Polarhimmel einem die Tränen in die Augen treibt.

Pleine lune sur la vallée "Adventdalen". Les aurores boréales ondoyantes couvrent le ciel. On n'entend que le son des patins du traineau et des pattes agiles des chiens. Lors de cette rencontre de l'homme et de la nature, sous l'immensité silencieuse du ciel polaire, il arrive qu'on soit étreint jusqu'aux larmes par l'émotion.

Rødmen over Isfjorden forteller at det snart er tid for å trekke i den vakre Svalbardbunaden og feire at sola og lyset er vendt tilbake. Bunaden har lånt farger fra en verden i hvitt og blått, med fargerike innslag fra Svalbards flora.

A red flush over the Isfjord indicates it will soon be time to take out the beautiful Svalbard bunad (national costume) and celebrate the return of the sun and daylight. The bunad has lent colours from a world of white and blue, with colourful elements from Svalbard flora.

Der rote Schimmer über dem Isfjord gemahnt daran, dass es bald Zeit wird, die schöne Svalbardtracht anzulegen, um die Wiederkunft von Sonne und Licht zu feiern. Die Tracht hat die Farben ihrer weiß-blauen Umwelt aufgenommen, dazu die der farbenfrohen Flora Svalbards.

Les reflets embrasés sur le fjord "Isfjorden" annoncent qu'il est bientôt temps de revêtir le costume traditionnel norvégien (bunad) pour fêter le retour du soleil et de la lumière. Le "bunad" a emprunté les couleurs d'un monde blanc et bleu, coloré de broderies inspirées par la flore de Svalbard.

Longyearbyen i den blå time. Platåfjellet til venstre, Hiorthfjellet rett over fjorden. Lyset på Svalbard har vært en kilde til inspirasjon for kunstnere på besøk og en stadig kilde til undring og opplevelse for dem som bor her nord.

Longyearbyen in the blue hour. Mt. Platåfjell at left with Mt. Hiorthfjell across the fjord. Svalbard light has been a source of inspiration for visiting artists and a constant source of wonder and amazement even for locals.

Longyearbyen in der blauen Stunde. Links das Platåfjell, auf der anderen Seite des Fjordes das Hjorthfjell. Das Licht von Svalbard hat Gastkünstler inspiriert und ist auch den Einheimischen immer wieder ein Erlebnis und eine Quelle des Staunens.

Longyearbyen aux heures bleues. A gauche: "Platåfjellet" et juste en face: "Hiorthfjellet. La lumière de Svalbard a inspiré nombre d'artistes en visite et c'est une source intarissable d'émerveillement pour les habitants.

Når skipstrafikken opphørte på grunn av is, var Svalbard tidligere isolert fra høst til vår. I 1959 landet det første passasjerflyet på en provisorisk flystripe i Adventdalen. I 1974 ble den første flystripa ved Svalbard Lufthavn Longyear tatt i bruk, og en ny epoke begynte. Nå er det regulære ruter mellom Svalbard og fastlandet, med økt frekvens i høysesongen. Passasjertallet har for lengst passert 100 000 i året.

Wenn das Eis dem Schiffsverkehr ein Ende setzte, war Svalbard früher vom Herbst bis zum Frühjahr isoliert. 1959 landete das erste Passagierflugzeug auf einer provisorischen Landebahn im Adventtal. 1974 wurde die erste Landebahn auf dem Flugplatz von Longyearbyen in Betrieb genommen, damit begann eine neue Epoche. Heute gibt es reguläre Verbindungen zwischen Svalbard und dem Festland, mit erhöhter Frequenz in der Hochsaison. Die Zahl der Passagiere hat längst die 100 000 pro Jahr passiert.

When shipping traffic ceased to call due to the ice, Svalbard remained isolated from the outside world from autumn until spring. But in 1959 the first passenger aircraft landed on a provisional air strip at Adventdalen. In 1974 the first runway became operational at Svalbard Airport. Air traffic is now frequent between Svalbard and the mainland, with extra flights in the high season. Annual passenger figures have long since passed 100,000.

Autrefois, lorsque le trafic maritime était interrompu par la glace, Svalbard était isolé de l'automne à l'été. Le premier avion de passagers a attéri en 1959, sur une piste provisoire à "Adventdalen". En 1974, lorsque la première piste de l'aéroport de Svalbard Lufthavn Longyear a été mise en service, une nouvelle ère a commencé. Aujourd'hui, il existe des vols régulièrs entre Svalbard et le continent, et leur fréquence augmente pendant la pleine saison. Le nombre de passagers a depuis longtemps dépassé les 100.000 à l'année.

Helikopterselskapet Airlift AS er en stor operatør i det norske markedet, med egen base på Svalbard. Selskapet har kontrakt med Sysselmannen om redningstjeneste og andre oppgaver i nordområdene, og utfører også oppdrag for forskningsmiljøene.

The helicopter firm Airlift AS is a major operator on the Norwegian market, with its own base on Svalbard. The company has a contract with the Governor on rescue service and other tasks in northern areas, and also carries out work for the research milieus.

Die Helikoptergesellschaft „Airlift AS" mit einer eigenen Basis in Svalbard spielt eine große Rolle auf norwegischem Gebiet. Die Gesellschaft hat mit dem Sysselmann einen Kontrakt für Rettungsdienste und andere Aufgaben im Norden geschlossen und führt auch Aufgaben für die wissenschaftliche Forschung durch.

Basée à Svalbard, la compagnie d'hélicoptères "Airlift AS" est un grand opérateur du marché norvégien. La compagnie qui a un contrat avec le Gouverneur, effectue des opérations de sauvetage, des services divers dans la région du Nord et des missions pour les milieux de la recherche.

I løpet av et år fraktes over 20 000 passasjerer og ca. 500 tonn gods med fly mellom Longyearbyen, Svea og Ny-Ålesund. Lufttransport AS tar seg av denne oppgaven, i tillegg til ca. 400 timer i året med flyovervåking av fiskeriene i Barentshavet på oppdrag fra Kystvakta.

In the course of a year more than 20,000 passengers and around 500 tonnes of goods are flown between Longyearbyen, Svea and Ny-Ålesund. Lufttransport AS is in charge of this task, also flying around 400 hours a year monitoring fisheries in the Barents Sea on commission from Norwegian Coast Guard.

Im Laufe eines Jahres werden über 20 000 Passagiere und ca. 500 t Waren mit Flugzeugen zwischen Longyearbyen, Svea und Ny-Ålesund verfrachtet. Diese Aufgabe obliegt der Firma „Lufttransport AS", dazu ca. 400 Stunden pro Jahr an Luftüberwachung von Fischerbooten in der Barentssee im Auftrag der Küstenwache.

Chaque année, "Lufttransport" transporte plus de 20.000 passagers et environ 500 tonnes de marchandises par avion entre Longyearbyen, Svea et Ny-Ålesund. La compagnie effectue aussi près de 400 heures de surveillance aérienne de la pêche dans la mer de Barents pour les gardes-côtes.

"Funken", gruveselskapets funksjonærmesse og representasjonssted på Haugen er blitt til Spitsbergen Hotel. Peisestua fra den tid er fortsatt intakt (over). Den gamle spisesalen (under t.h.) er nå Funktionærmessen Restaurant. Hotellet driver også Spitsbergen Guesthouse (under t.v.), hvor gruvearbeidere tidligere var innkvartert.

"Funken", the mining company's officials' exhibition premises and representation residence at Haugen has been transformed into Spitsbergen Hotel. The original fireplace is still intact (above). The old dining room (below right) is now Funktionærmessen Restaurant. The hotel also runs Spitsbergen Guesthouse (below left), where miners were previously lodged.

„Funken", die Kantine für leitende Angestellte und Repräsentationsstätte auf Haugen, ist zum „Spitsbergen Hotel" geworden. Das Kaminzimmer der früheren Zeit ist noch intakt (oben). Der frühere Speisesaal (unten rechts) heißt heute „Funktionærsmessen Restaurant". Das Hotel betreibt auch das „Spitsbergen Guesthouse" (unten links), wo früher die Grubenarbeiter einquartiert waren.

"Funken", le salon des fonctionnaires et le lieu de représentation de la compagnie minière à Haugen, est devenu l'hôtel "Spitsbergen Hotel". L'ancien salon avec sa cheminée est encore intact (ci-dessus). L'ancienne salle à manger (ci-dessous à d.) est aujourd'hui le restaurant "Funktionærmessen Restaurant". L'hôtel dirige aussi le "Spitsbergen Guesthouse" (ci-dessous à g.) qui était autrefois le lieu d'hébergement des mineurs.

Radisson SAS Polar Hotel Spitsbergen kan skilte med å være verdens nordligste fullservicehotell. I restauranten kan man i den blå time også nyte en fantastisk utsikt over fjord og fjell. Innenfor husets vegger finner man blant annet Brasseri Nansen og Barentz Pub & Spiseri.

Das „Radisson SAS Polar Hotel Spitsbergen" kann für sich in Anspruch nehmen, das nördlichste Hotel mit vollem Service zu sein. Vom Restaurant aus kann man in der blauen Stunde die phantastische Aussicht über Fjord und Berge genießen. Im Hause selbst findet man die Restaurants „Brasseri Nansen" und „Barentz Pub & Spiseri".

Radisson SAS Polar Hotel Spitsbergen can boast it is the world's northernmost full-service hotel. In the restaurant at the 'blue hour' you can enjoy the most amazing view across fjord and mountain. Within you will also find Brasseri Nansen og Barentz Pub & Spiseri.

"Radisson SAS Polar Hotell Spitsbergen" peut prétendre sans conteste au titre de l'hôtel le plus septentrional au monde proposant un service complet. Du restaurant on peut aussi, aux heures bleues, profiter d'une vue panoramique fantastique sur les fjords et les montagnes. A l'intérieur de l'établissement on trouve entre autres, la "Brasseri Nanssen" et le pub "Barentz Pub & Spiseri.

De gamle fangsthyttene bygd av materialer fra mange hold ga inspirasjon til Basecamp Spitsbergens meget spesielle hotell i Longyearbyen. Skulle noen ønske røffere forhold, har man også tømmergamme og teltcamp med væpnet vakt godt utenfor bebyggelsen. Under: Villmarkskroen Steakers tilbyr både inne- og uteservering, det siste med værforbehold.

The old hunters' shacks built from whatever materials could be found inspired the building of Basecamp Spitsbergen's highly unusual hotel in Longyearbyen. If looking for tougher conditions, there are log huts and tent camps with armed guards (polar bear protection) located well away from the settlement. Villmarkskroen Steakers (below) offers indoor and outdoor serving, the latter providing the weather is right.

Die alten Jägerhütten, aus den verschiedenartigsten Materialien erbaut, haben den Bau des außergewöhnlichen Hotels „Bascamp Spitsbergen" in Longyearbyen inspiriert. Wer es noch uriger haben will, kann auch Blockhütten oder Zelte mit bewaffneten Wachtposten außerhalb des besiedelten Gebietes mieten. Das Wildmarkrestaurant Steakers (unten) serviert drinnen und draußen, je nach Wetterverhältnissen.

Les vieilles cabanes de chasseurs construites avec du matériel provenant de sources diverses ont inspirées le "Basecamp Spitsbergen", hôtel très original de Longyearbyen. Si l'on venait à désirer des conditions plus éprouvantes, il existe des huttes en bois équarri et des camps de tentes avec des gardes armés en dehors de l'agglomération. L'auberge "Villmarkskroen Steakers" (ci-dessous) offre un service de restauration à l'intérieur ou même à l'extérieur, si toutefois le temps le permet.

Mary Ann´s Polarrigg i Longyearbyen er et rimelig og populært overnattingssted, bygd opp av Mary-Ann Dahle i en tidligere brakkerigg for anleggsarbeidere. Innehaveren selv ser til at gjestene trives, enten det serveres i Vinterhagen eller i baren ved den utendørs badestampen.

Mary Ann´s Polarrigg in Longyearbyen is popular, reasonably priced accommodation, established by Mary-Ann Dahle in a former workers' barracks. The proprietor herself, possibly wearing a polar bear skin coat, ensures guests enjoy themselves, whether they are served in the Vinterhagen or in the bar by the outdoor wooden bath tub.

„Mary Ann`s Polarrigg" in Longyearbyen bietet eine preiswerte und beliebte Übernachtungsmöglichkeit, von Mary Ann Dahle in einer ehemaligen Arbeiterbaracke eingerichtet. Die Inhaberin selbst, vielleicht sogar in Bärenfell gekleidet, sorgt für das Wohl der Gäste, wenn sie im Wintergarten speisen oder draußen am Badebottich an der Bar sitzen.

"Mary Ann's Polarrigg" à Longyearbyen, est un hotel populaire construit par Mary-Ann Dahl dans une ancienne baraque de terrassiers, qui propose des nuitées à prix modérés. La propriétaire, souvent emmitouflée dans un manteau en fourrure d'ours polaire, veille au confort de sa clientèle, qu'on soit dans le jardin d'hiver ou dans le bar à côté du cuveau traditionnel rempli d'eau chaude à l'extérieur.

Longyearbyen med omgivelser fanget inn i et stort panorama. Her finner man alle landemerker, fra Store Norskes anlegg i forgrunnen til venstre til sentrumsbebyggelsen under Sukkertoppen, universitetet, Sysselmannens domene, sykehuset, kirka, taubanesentralen, SAS-hotellet, Funken og et glimt av Nybyen i skaret opp til høyre.

Longyearbyen and surrounds captured in wide panorama. Here you find all landmarks, from Store Norske's plant in the foreground at left to the settlement's buildings below Sukkertoppen, the university, the Governor's domain, hospital, church, aerial railway terminal, SAS hotel, Funken and a glimpse of Nybyen in the pass at upper right.

Longyearbyen und seine Umgebung, eingefangen in einem großen Panorama. Hier findet man alle Landmarken, angefangen bei der Anlage von Store Norske links im Vordergrund bis zur Zentrumsbebauung unterm Sukkertopp, die Universität, den Sitz der Sysselmanns, das Krankenhaus, die Kirche, die Seilbahnzentrale, das SAS-Hotel, Funken und oben rechts eine Ahnung von Nybyen.

Vue panoramique sur Longyearbyen et ses alentours. On trouve ici toute les constructions locales, des installations de la compagnie "Store Norske" au premier plan à gauche, jusqu'aux habitations du centre en dessous du pain de sucre, l'université, le domaine du gouverneur, l'hôpital, l'église, l'installation centrale des bennes, l'hôtel SAS, "Funken" et un aperçu de la nouvelle ville dans le défilé en haut à droite.

Longyearbyen har verdens nordligste kirke, bygd i 1921, skutt i brann under krigshandlinger i 1943 og gjenreist i 1958. Kirka dekker både religiøse, sosiale og kulturelle behov, og er åpen for alle kristne trossamfunn. Kirkegården har mange graver fra 1918, da spanskesyken også nådde Svalbard.

Longyearbyen has the world's northernmost church, built in 1921, set alight during a World War II battle in 1943 and rebuilt in 1958. The interdenominational church acts as a centre catering to religious, social and cultural needs. The churchyard has many graves dated 1918, when the "Spanish disease" reached Svalbard.

In Longyearbyen steht die nördlichste Kirche der Welt, erbaut 1921, während des Krieges 1943 in Schutt und Asche gelegt, 1958 wieder errichtet. Die Kirche deckt religiösen, sozialen und kulturellen Bedarf und dient allen christlichen Religionsgemeinschaften. Auf dem Kirchhof findet man viele Gräber von 1918, als die spanische Seuche auch Svalbard erreicht hatte.

Longyearbyen possède l'église la plus septentrionale du monde. Construite en 1921 et détruite par un incendie pendant la guerre en 1943, elle a été reconstruite en 1958. L'église, lieu de foi et de rencontres socio-culturelles, est ouverte pour toutes les communautés religieuses chrétiennes. Le cimetière abrite beaucoup de tombes datant de 1918, époque où la grippe espagnole a fait son apparition à Svalbard.

Sysselmannen på Svalbard er sentralt plassert i Longyearbyen som den norske regjerings øverste representant på Svalbard. Hovedoppgavene er knyttet til politi- og miljøvernarbeid og inkluderer blant annet etterforsking av straffesaker, redningstjeneste, behandling av reiselivs- og forurensingssaker, samt forvaltning av verneområder, kulturminner, flora og fauna. Sysselmannen disponerer to helikoptre og tjenestefartøyet M/S Nordsyssel.

The Governor of Svalbard holds a key position in Longyearbyen as the Norwegian Government's senior representative on Svalbard. Duties include attending to matters concerning the law/police, tourism and pollution, and management of protected reserves, cultural sites, flora and fauna. The Governor has the use of two helicopters and the service vessel "M.S. Nordsyssel".

Der Sysselmann hat als Repräsentant Svalbards seinen Amtssitz in Longyearbyen. Seine Hauptaufgaben beziehen sich auf Polizeiarbeit und Umweltschutz. Sie umfassen Nachforschungen bei Straftaten, Rettungsdienste, Tourismus- und Umweltschutzangelegenheiten und die Verwaltung von Schutzzonen, Kulturdenkmälern, Flora und Fauna. Ihm stehen zwei Hubschrauber und das Dienstfahrzeug MS "Nordsyssel" zur Verfügung.

En tant que représentant de l'état norvégien au Svalbard, les bureaux du Gouverneur sont placés au centre de Longyearbyen. Le Gouverneur est attaché au services de police, de la protection de l'environnement, des recherches judiciaires, du sauvetage, de la vie touristique et des affaires de pollution ainsi qu'à la protection des espaces protégés, des sites culturels, de la flore et de la faune. Deux hélicoptères et le bateau "M/S Nordsyssel" sont à la disposition du gouverneur.

Fra Longyearbyen har man utsikt rett imot Hiorthfjellet og Operafjellet, hvor naturen med bred pensel skildrer vær og vind gjennom årstidenes skiftende gang. Når vinden jager over åpent sletteland, ligger snøfokket som et teppe oppover fjellsiden.

From Longyearbyen you have a marvellous view right across to Mt. Hiorthfjell and Mt. Operafjell, where through the passages of time weather and wind have left their mark. When winds sweep over open plains, mountainsides are covered in a blanket of white snow.

Von Longyearbyen aus sieht man direkt aufs Hjorthfjell und Operafjell, wo die Natur mit breitem Pinsel die Spuren von Wind und Wetter im Wechsel der Jahreszeiten abgebildet hat. Wenn der Wind über die offene Ebene fegt, breitet sich der Schnee wie ein Teppich über die Berghänge aus.

De Longyearbyen nous avons une vue directe sur les monts "Hiorthfjellet" et "Operafjellet" où, d'une saison à l'autre, la nature peint un tableau changeant. Lorsque le vent chasse sur les plaines ouvertes, les bourrasques de neige se posent comme une couverture sur les flancs des montagnes.

Når sola bryter mørketidsstemningen, innvarsler det også mer urolig vær. Under solglansen kan heftige vinterstormer piske opp snøen på bakken og ta bort all sikt. Vinden gir langt mer bitende kulde enn det termometeret viser.

When the sun breaks through the shades of Polar Night, it is also a warning of more unruly weather. Even with the sun appearing heavy winter storms can whip up snow on the ground These winds chill to the bone and are far colder than temperatures shown on the temperature gauge.

Wenn die Sonne die Stimmung der Dunkelzeit beendet, zieht das unruhiges Wetter nach sich. Unter der Wintersonne können heftige Stürme den Schnee aufwirbeln und die Sicht vollständig wegnehmen. Der Wind lässt die beißende Kälte sehr viel stärker fühlen als das Thermometer anzeigt.

Quand il remplace la nuit polaire, le soleil annonce aussi un temps plus instable: le rayonnement accru fait naître des tempêtes violentes qui balaient la neige du sol au point de supprimer toute visibilité; le froid et le vent se combinent alors pour donner une impression de "froid ressenti" plus importante que la température indiquée par le thermomètre.

Statuen av gruvearbeideren har en sentral plass i et arktisk samfunn hvor arbeidet har måttet gå sin gang og funksjoner opprettholdes, uansett kulde og storm, fra 1906 til i dag. Minus 46,3 C er laveste temperatur målt i Longyearbyen. Svalbard-rekord med minus 49,2 ble målt i Grønfjorden i 1917.

Das Standbild eines Grubenarbeiters nimmt einen zentralen Platz in der arktischen Gemeinde ein, wo seit 1906 bis heute bei jedem Wetter, auch bei Kälte und Sturm, die Arbeit getan und der Betrieb aufrecht erhalten werden musste. Minus 46,3° C ist die tiefste in Longyearbyen gemessene Temperatur. Der Svalbard-Rekord liegt bei minus 49,2° C, gemessen 1917 im Grønfjord.

The statue of the miner has a central position in an Arctic community where the job has to be done and functions maintained, regardless of biting cold and storm, from 1906 until the present day. Minus 46.3 C is the lowest temperature measured in Longyearbyen. The Svalbard record of minus 49.2 C was measured in Grønfjorden in 1917.

La statue du mineur a une place centrale dans une communauté arctique où, de 1906 jusqu'à nos jours, quels que soient le froid et les intempéries, le travail devait continuer. La température la plus basse enregistrée à Longyearbyen est de 46,3°C en dessous de zéro. Le record du Svalbard est une température de - 49,2°C enregistrée dans le fjord "Grønfjorden" en 1917.

Majestetiske fjellkjeder følger Tempelfjorden innover til fjordbunnen, hvor Von Postbreen og Tunabreen med mektige isskulpturer konkurrerer om oppmerksomheten.

Majestic mountain ranges follow the Tempelfjord to the fjord bed, where Von Post glacier and Tuna glacier with their spectacular ice sculptures compete for attention.

Majestätische Gebirgsketten säumen den Tempelfjord ganz bis an sein Ende, wo der Postgletscher und der Tunagletscher mit gewaltigen Eisskulpturen wetteifern.

De majestueuses chaines montagneuses bordent le fjord "Tempelfjorden" jusqu'à son extrémité où les glaciers "Von Postbreen" et "Tunabreen", avec leurs impressionantes sculptures de glaces, rivalisent pour attirer l'attention.

60 prosent av Svalbard er dekket av isbreer. De siste 100 årene har breene minket, som følge av temperaturøkning på 1,8 grader C. De siste år har økningen vært ekstremt høy, og alle analyser viser at breene vil vike i raskere tempo. Dette er et typisk vinterlandskap. Sommerpanoramaet vil gradvis by på mindre is.

60 percent of Svalbard is covered by glaciers. The glaciers have shrunk the last 100 years, due to a rise in temperature of 1.8 degrees C. Temperatures have risen to the extreme in recent years, and all analyses reveal the glaciers will retreat in more rapid tempo. This is a typical winter landscape. The summer panorama will gradually offer less ice.

Svalbard ist zu 60% von Gletschern bedeckt. In den letzten 100 Jahren sind die Gletscher wegen des Temperaturanstiegs von 1,8° C geschrumpft. Im letzten Jahr war der Anstieg extrem hoch, und alle Analysen weisen auf ein rascheres Abschmelzen der Gletscher hin. In dieser typischen Winterlandschaft wird das Panorama des Sommers allmählich immer weniger Eis aufweisen.

Svalbard est recouvert à 60% par la glace. Lors de ces cent dernières années, les glaciers ont diminué suite à une augmentation de la température de 1,8°C. Ces dernières années, l'augmentation a été extrêmement élevée et toutes les analyses montrent que les glaciers vont disparaître à un rythme très rapide. Ce territoire est un paysage typique d'hiver. Le panorama estival offrira graduellement moins de glace.

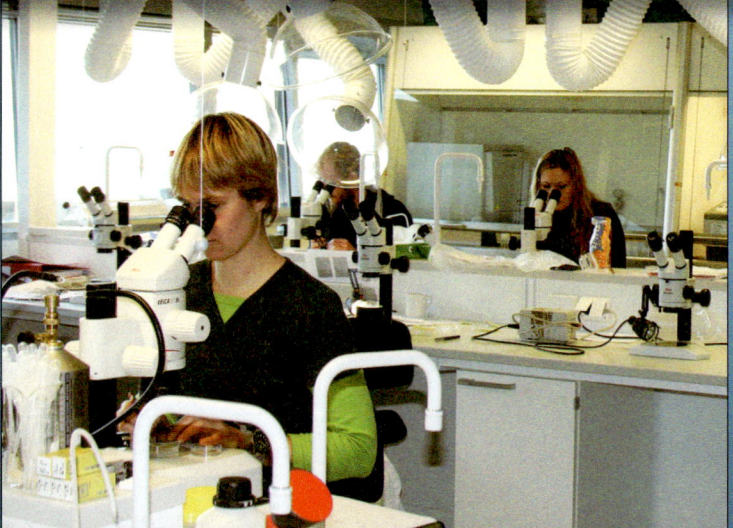

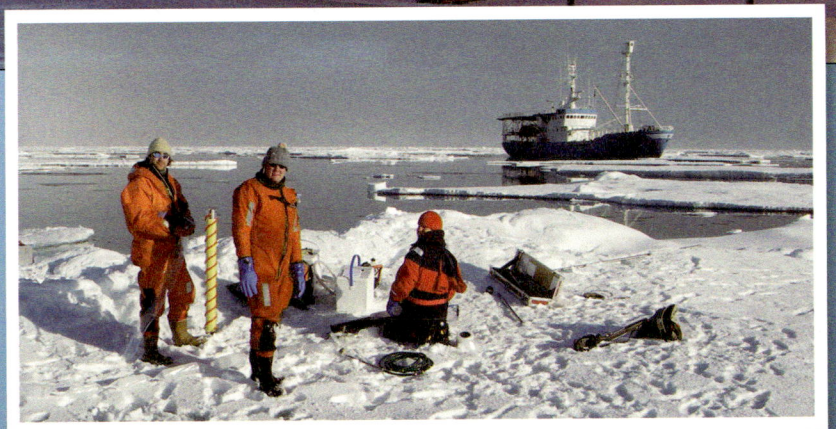

I Svalbard Forskningspark finner man Svalbardporten, som omfatter Svalbard Reiseliv AS (turistinformasjon), Svalbard Museum og Sysselmannens kulturhistoriske magasin. Her holder også Universitetssenteret på Svalbard (UNIS) og Norsk Polarinstitutt til. UNIS har rundt 350 studenter i året fra 25 ulike land. Ut fra denne største bygningen på Svalbard drives det arktiske studier og forskning over et bredt spekter, fra undersøkelse av øglefossiler til topografiske målinger og iskjerneboring. Polarinstituttets forskningsfartøy "Lance" benyttes til vitenskapelige tokt og ekspedisjoner I Arktis og Antarktis.

Svalbardporten in Svalbard Research Park houses Svalbard Reiseliv AS (tourist information), Svalbard Museum and the Governor's cultural-historical magazine. Also the University Centre in Svalbard (UNIS) and the Norwegian Polar Institute. Around 350 students from 25 countries attend UNIS each year. From here Arctic studies are carried out and a wide range of research, from examination of lizard fossils to topographic measurements and ice core drilling. The Polar Institute's research vessel "Lance" is used for scientific trips and expeditions in the Arctic and Antarctica.

Auf dem Gelände des „Svalbard Forskningspark" findet man „Svalbardporten", das „Svalbard Reiseliv AS" (Touristinformation), das Svalbard Museum und das kulturhistorische Magazin des Sysselmannes umfasst. Auch das Universitätszentrum von Svalbard (UNIS) und das Norwegische Polarinstitut befinden sich dort. UNIS hat rund 350 Studenten pro Jahr aus unterschiedlichen Ländern. Von diesem größten Gebäude Svalbards aus betreibt man ein breites Spektrum an arktischer Forschung, von Untersuchungen an Saurierfossilien bis hin zu topographischen Messungen und Eiskernbohrungen. Das Forschungsschiff des Polarinstituts, die „Lance", fährt auf wissenschaftliche Expeditionen in die Arktis und Antarktis.

Le Centre de la Recherche à Svalbard, regroupe le "Svalbardporten" qui comprend "Svalbard Reiseliv AS (informations touristiques), Svalbard Museum et l'entrepôt de la culture et de l'histoire du Gouverneur. On y trouve aussi le centre universitaire de Svalbard (UNIS: Universitetssenteret) et l'institut polaire norvégien (Norsk Polarinstitut). Chaque année, l'UNIS accueille environ 350 étudiants venant de 25 pays différents. C'est à partir de ce centre que sont organisées une grande variété d'études et de recherches de l'arctique: analyses de fossiles de sauriens, mesures topographiques et forages de la glace. Le navire de recherches de l'Institut polaire "Lance" est utilisé pour des expéditions scientifiques dans l'Arctique et l'Antarctique.

Panoramabildet forklarer kanskje hvorfor Svalbard Museum er hedret med Europarådets museumspris. De rikholdige samlingene består av gjenstander, fotografier, papirer, kunst og bøker som er med på å dokumentere liv og virksomhet på Svalbard gjennom tidene. Man kan se slitet i gruvene, føle på fossiler eller lese i kosekroken. Nederst t.v. Svalbard Reiseliv AS (turistinformasjon), samlokalisert med museet og andre institusjoner i Svalbard Forskningspark.

This panorama photo explains possibly why Svalbard Museum was awarded the Council of Europe Museum Prize. The ample collections consist of artefacts, photographs, papers, art and books that contribute towards documenting life and activities on Svalbard through the ages. Here you can see how workers toiled in the mines, feel fossils or read a while in the reading corner. Bottom left Svalbard Reiseliv AS (tourist information), located together with the museum and other institutions at Svalbard Research Park.

Das Panoramabild erklärt vielleicht, warum das Svalbard Museum mit dem Museumspreis des Europarates ausgezeichnet wurde. Die umfangreiche Sammlung besteht aus Gegenständen, Fotografien, Papieren, Kunstobjekten und Büchern, die alle zur Dokumentation des Lebens und Treibens in Svalbard durch die Zeitläufte beitragen. Man blickt in ausgebeutete Grubenschächte, nimmt Fossilien zur Hand oder liest in der gemütlichen Ecke. Ganz unten links „Svalbard Reiseliv AS", die Touristinformation, am selben Platz wie das Museum und andere Forschungsinstitutionen.

Cette photo panoramique explique peut être pourquoi le musée de Svalbard a reçu le prix des musées du Conseil Européen. Il réunit des collections importantes d'objets, de photographies, de documents, d'œuvres d'arts et de livres qui apportent un témoignage de la plus grande valeur sur l'histoire du Svalbard. On peut y voir des photographies attestant du travail épuisant des mineurs, on peut aussi observer, voire manipuler des fossiles ou bien lire dans un coin agréable. La réception du musée - Svalbard Reiseliv AS (en bas à g) – fait aussi office de bureau d'informations touristiques. Le musée lui-même et d'autres institutions sont regroupés dans le Centre de la Recherche à Svalbard.

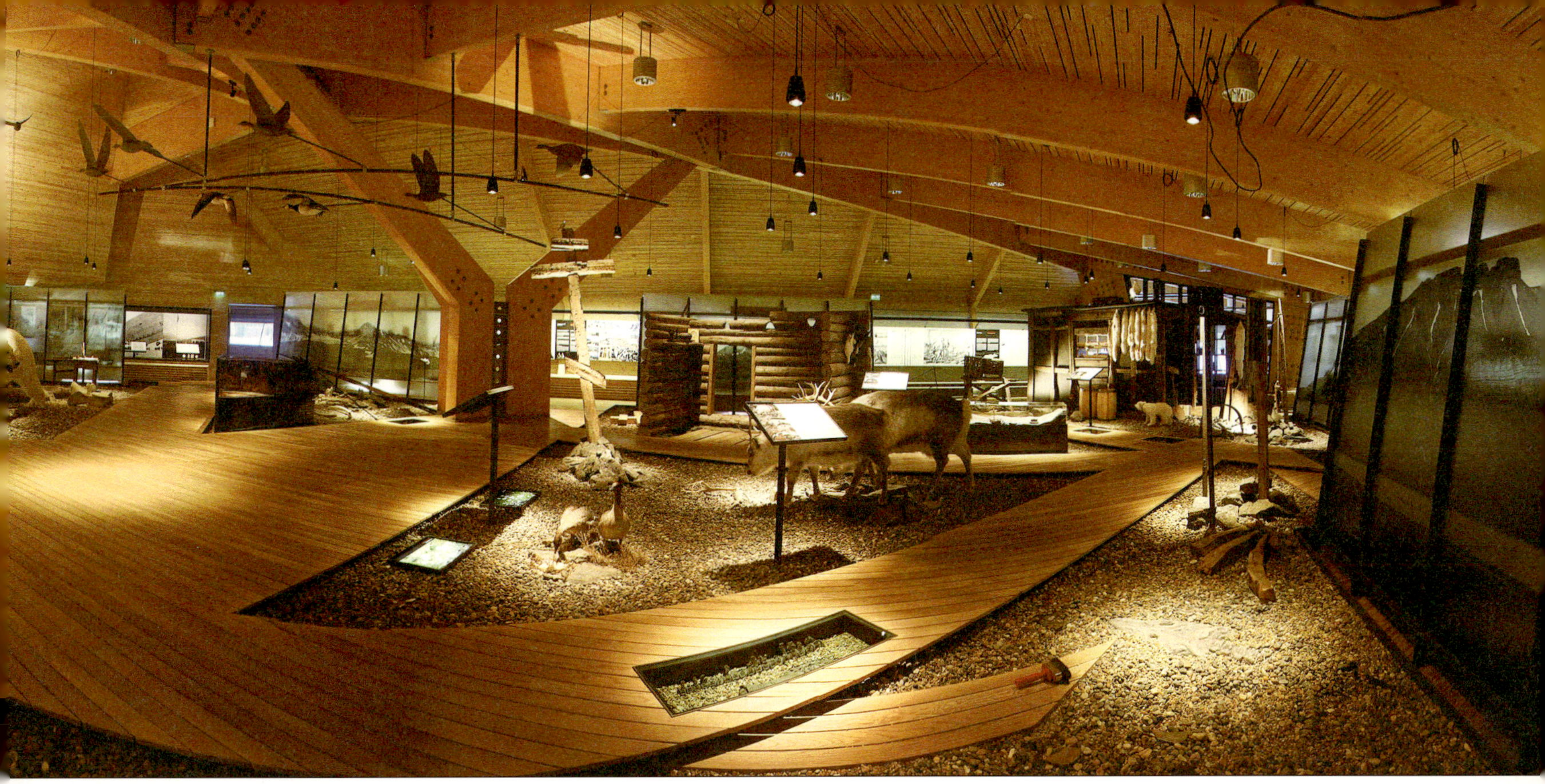

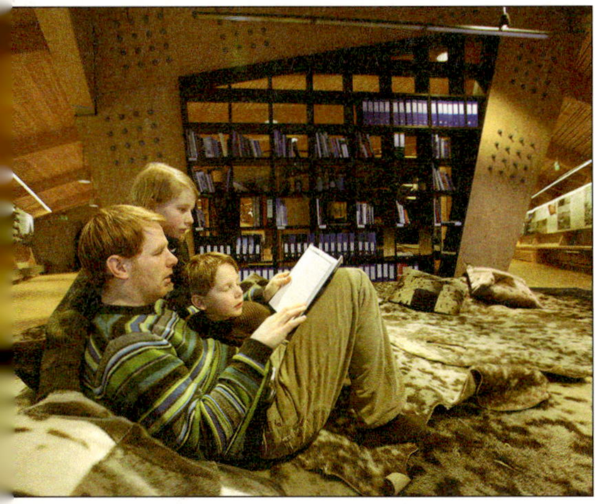

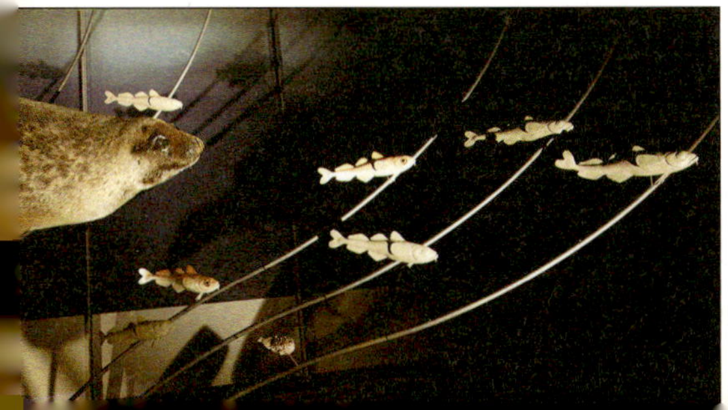

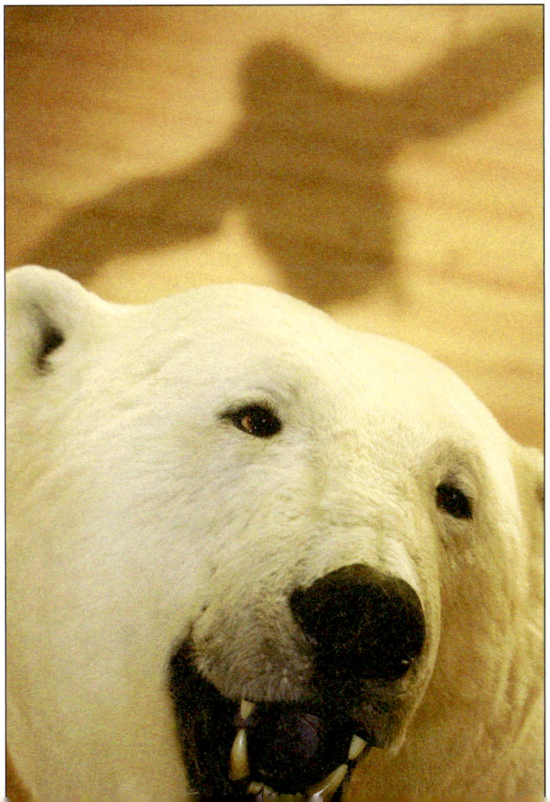

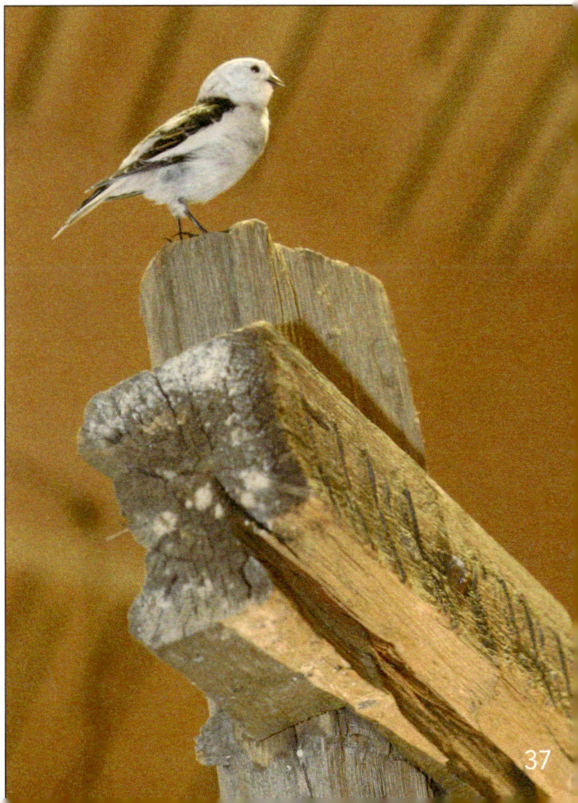

Kjøring med hundespann over hvite vidder er en opplevelse mange turister vil ha med seg. Svalbard Villmarkssenter har 80 hunder. Det arrangeres både dagsturer og overnattingsturer, med villmarksaften i nordlysskinn.

Driving by dog sled over endless, white plains is an experience sought by many tourists. Svalbard Villmarkssenter has 80 dogs and organises day and overnight trips, featuring a wilderness evening spent Svalbard-style beneath the bewitching Northern Lights.

Eine Hundeschlittenfahrt über weiße Schneeflächen wollen die meisten Touristen sich nicht entgehen lassen. Svalbard Villmarksenter hat 80 Hunde. Es werden Tages- und Übernachtungstouren arrangiert, letztere mit einem Wildnisabend unterm Nordlicht.

La conduite d'un attelage de chiens sur les plateaux blancs est une aventure dont rêvent beaucoup de touristes. "Svalbard Villmarkssenter" a 80 chiens et organise des randonnées d'un ou de plusieurs jours avec des nuitées dans les régions sauvages sous la lumière des aurores boréales.

39

En dagstur på ski tilbakelegges på to timer med snøskuter. To timers kjøring med hundespann tilsvarer et kvarter med skuter. Derfor er snøskuteren blitt så populær på Svalbard, med de enorme avstander man opererer med.

A daytrip on skis can be done in two hours by snow scooter. Two hours of driving with dog sleds is equal to 15 minutes by scooter. That's why the snow scooter has become so popular on Svalbard, travelling speedily over the vast distances.

Eine Tagestour auf Skiern, gezogen von Motorschlitten, dauert zwei Stunden. Eine zweistündige Hundeschlittenfahrt entspricht einer viertel Stunde mit dem Motorschlitten. Daher ist der Motorschlitten in Svalbard so beliebt – bei den langen Distanzen, mit denen man es hier zu tun hat.

Le motoneige, qui réduit considérablement les longs parcours, est très populaire à Svalbard: un parcours d'une journée en ski ne prend que 2 heures en motoneige, 2 heures de conduite avec un attelage de chiens correspondent à 15 mn de motoneige.

Skonnerten "Noorderlicht" er Svalbard-veteran. Gjennom flere vintrer har den ligget i Tempelfjorden som innefrosset hotellskip. Gjestene tar seg fram på skuter eller med hundespann for servering eller overnatting under høyst spesielle forhold.

The schooner "Noorderlicht" is a Svalbard veteran. Over several winters it has lain lodged in the Tempelfjord as an ice-bound hotel ship. Guests make their way there by scooter or dog sled for dining or accommodation in a most unusual setting.

Der Schoner „Noorderlicht" ist ein Svalbardveteran. Seit vielen Wintern liegt er als eingefrorenes Hotelschiff im Tempelfjord. Die Gäste werden mit Motorschlitten oder Hundegespann zum Essen oder Übernachten unter besonderen Verhältnissen dorthin gebracht.

La goélette "Noorderlicht" est la doyenne de Svalbard. Elle est ancrée dans "Tempelfjorden" depuis plusieurs hivers et, prise dans les glaces, elle sert de bateau-hôtel. Les clients sont emmenés à bord par des motoneiges ou des attelages de chiens pour des repas ou des nuitées dans des conditions très spéciales.

Om sommeren renner det smeltevann under mange av breene. Vannet huler ut isen og skaper store og små grotter. På guidet tur under Longyearbreen kan man få oppleve en underjordisk verden med trange passasjer og store haller hvor iskrystaller i tykke lag glitrer i et fascinerende fargespill i lyset fra hodelyktene.

In summer waters from melting ice run under many of the glaciers, hollowing out the ice and creating large and small caves. On the guided tour under Longyear glacier you will experience a subterranean world of narrow passages and spacious halls where thick layers of ice crystals glitter in a fascinating play of colour in the light cast from headlights.

Im Sommer fließt das Schmelzwasser unter vielen Gletschern hervor. Das Wasser höhlt das Eis aus und schafft große und kleine Grotten. Bei geführten Touren unter dem Longyear-Gletscher kann man eine unterirdische Welt mit engen Passagen und großen Hallen erleben, wo dicke Lagen von Eiskristallen im Licht der Stirnlampen in faszinierendem Farbenspiel glitzern.

En été, les eaux de fonte coulent sous beaucoup de glaciers. Ces eaux creusent la glace et forment de cavités plus ou moins grandes. Lors de visites guidées sous le glacier de Longyear, on peut découvrir ce monde souterrain, avec des passages étroits et de grandes chambres où les cristaux de glace en couches épaisses scintillent en des jeux de couleurs fascinants dans la lumière des lampes frontales.

Stillhet over hvite vidder, glitrende snø, gnistrende føre. Blå himmel, sol over Svalbard, passe temperatur for shorts og bar overkropp. Gode kamerater i følge – stort nærmere kan man ikke komme oppfyllelsen av drømmen om den ideelle skitur.	Silence reigns over ghostly white plains, glittering snow. Blue skies, sunshine over Svalbard, ideal temperature for shorts and bare chest. Accompanied by good mates – you can't get it much better for living the dream of the perfect ski trip.	Stille über weißen Hochebenen, glitzernder Schnee, knisternde Laufgeräusche. Blauer Himmel, Sonne über Svalbard, angenehme Temperatur für Shorts und nackten Oberkörper. nette Wanderkameraden – viel mehr braucht man nicht, um sich den Traum einer idealen Skitour zu erfüllen.	Le silence des plateaux blancs, une neige scintillante, une piste étincelante, un ciel bleu, le soleil sur Svalbard, une température assez clémente pour porter un short ou rester torse nu, une ambiance détendue – c'est ici que l'idéal d'une sortie de ski peut se réaliser.

Ved Adventfjorden, rett overfor Longyearbyen, ligger gruvebyen Hiorthhamn, etablert i 1917 og nedlagt i 1940, etter en noe sporadisk drift. Her er mange fredede kulturminner, bl.a. restene av taubanen (under) og en direktør-bil anskaffet til standsmessig kjøring på noen få meter vei. Hiorthhamn er et populært utfartssted for folk fra Longyearbyen.

At Adventfjorden, right above Longyearbyen, is the mining village of Hiorthhamn, established in 1917 and closed down in 1940, after infrequent operation. Many protected cultural sites, including ruins of the aerial railway (below) and a director's automobile purchased to provide elegant transport on a road only a few yards long. Hiorthhamn is a popular excursion spot for Longyearbyen locals.

Am Adventfjord oberhalb von Longyearbyen liegt die Grubenstadt Hjorthhamn, 1917 etabliert und 1940 nach sporadischem Betrieb wieder aufgelassen. Hier gibt es viele geschützte Kulturdenkmäler, u.a. Reste der Seilbahn (unten) und ein Auto für den Direktor, damit er standesgemäß die paar Meter fahren konnte. Hjorthhamn ist ein beliebtes Ausflugsziel für die Bewohner von Longyearbyen.

Le village minier Hiorthhamn est situé au bord du fjord "Adventfjorden", juste en face de Longyearbyen. Etabli en 1917, ce village a été abandonné en 1940 après une exploitation un peu sporadique. Ici on trouve des sites culturels protégés dont les restes du télébenne (dessous) et une voiture destinée à renforcer le prestige du Directeur bien que la route n'excède pas quelques mètres. Hiorthhamn est un lieu de loisirs populaire pour les habitants de Longyearbyen.

På Norges nasjonaldag 17. mai er det tog, taler og feiring i Longyearbyen. Vinterens store begivenhet er solfestuka i begynnelsen av mars. Med en rekke arrangementer inne og ute markerer man at sola endelig er tilbake etter fire måneders mørketid.

On Norway's National Day 17 May, there is a parade, speeches and festivities in Longyearbyen. Winter's grand event is the sun festival week at the beginning of March. A number of events are held indoors and outside to mark the long-awaited return of the sun after four months of Polar night.

Am 17. Mai, dem Nationalfeiertag Norwegens, findet in Longyearbyen ein Umzug statt, es werden Reden gehalten und gefeiert. Die große Begebenheit des Winters ist die Sonnenfestwoche Anfang März. Mit zahlreichen Arrangements drinnen und draußen markiert man die Rückkehr der Sonne nach vier Monaten Dunkelzeit.

A Longyearbyen, le 17 mai, jour de la Fête nationale, est marqué par des défilés, des allocutions et des célébrations. La grande attraction de l'hiver est la semaine de la Fête du soleil qui se déroule au début mars. On célèbre enfin le retour du soleil après 4 mois de nuit polaire en décorant maisons, rues et bâtiments.

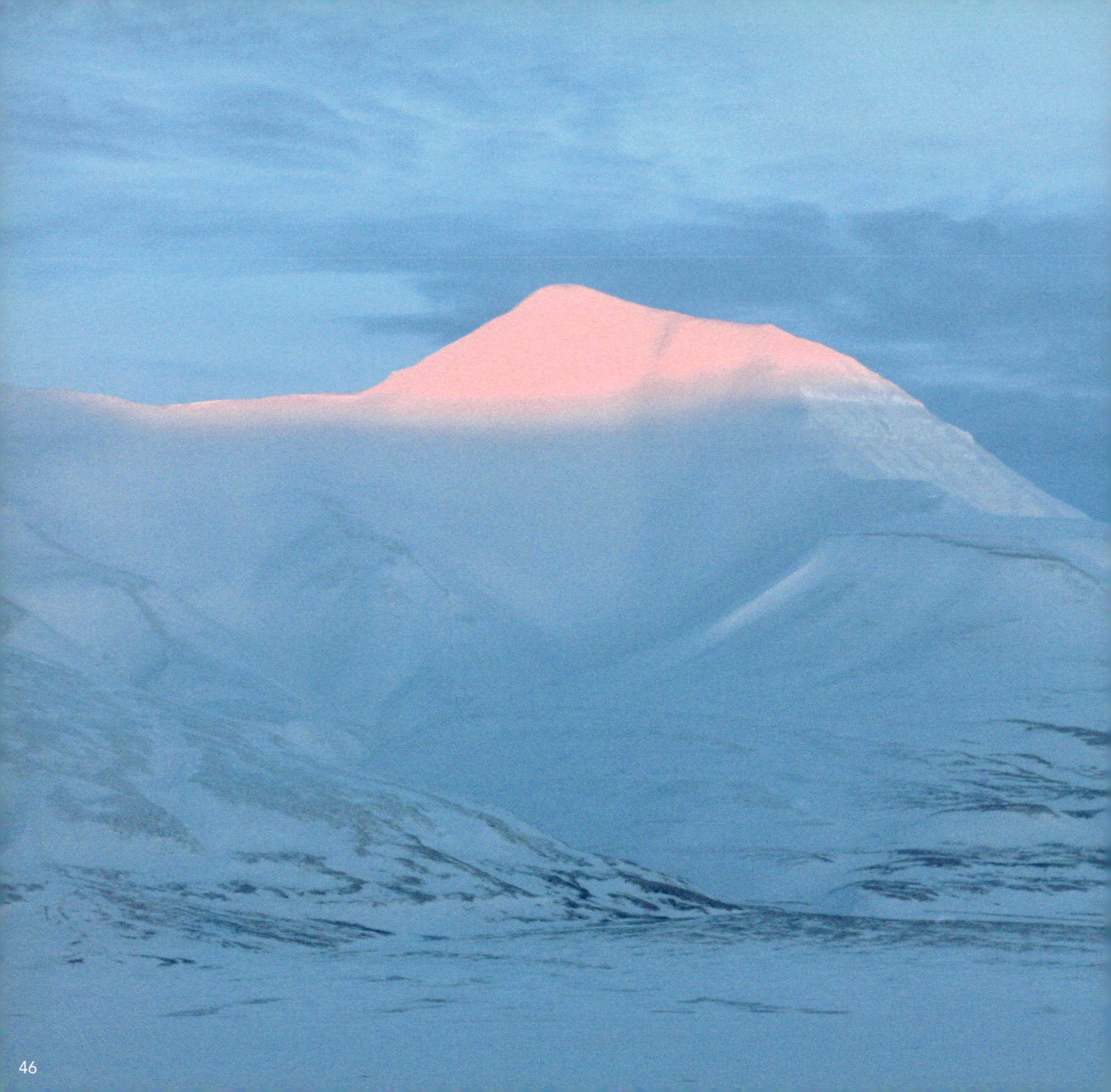

Lyset på Svalbard er et minne man tar med seg for livet. Inntrykkene kan være overveldende, spesielt i overgangstiden høst og vår.
I den lyse årstid står sola på himmelen dag og natt. Longyearbyen har midnattssol fra 19. april til 23. august, mørketid fra 28. oktober til 14. februar.

The light on Svalbard will be etched in your memory forever. Impressions can be overwhelming, especially in the transitional period for autumn and spring.
Around the clock summer sunshine. Longyearbyen has the Midnight Sun from 19 April to 23 August, with the Polar night lasting from 28 October to 14 February.

Das Licht von Svalbard hinterlässt einen lebenslangen Eindruck, am überwältigendsten ist er in den Übergangszeiten Frühling und Herbst.
In der hellen Jahreszeit steht die Sonne Tag und Nacht am Himmel. Die Mitternachtssonne scheint in Longyearbyen vom 19. April bis zum 23. August, die Dunkelzeit dauert vom 28. Oktober bis zum 14. Februar.

La lumière de Svalbard est un souvenir que l'on garde toute la vie. Les sensations peuvent être émouvantes, surtout pendant les périodes de transition: printemps et automne.
Pendant l'été polaire, le soleil est visible jour et nuit. A Longyearbyen, le soleil de minuit est présent du 19 avril jusqu'au 23 août, la nuit polaire du 28 octobre jusqu'au 14 février.

I Longyearbyen står taubanen med tårnbukker, sentralanlegg og utskipningskran som iøynefallende, fredet kulturminne fra den tid kullene ble fraktet luftveien fra gruvene og ned til havna. I 1986 ble transporten overtatt av lastebiler. I alt har seks slike taubaner vært i drift, med taubanesentralen som omlastningssted for kullkibbene fra de forskjellige gruvene.

In Longyearbyen the aerial railway with its tower trestles, main plant and shipping crane still stand as striking, protected cultural memorials from the time coal was transported by overhead conveyor from the mines and down to the port. In 1986 trucks replaced this form of transport. Six aerial railways were operative, with the aerial railway terminal as the transhipping site for coal from the various mines.

In Longyearbyen fallen die Seilbahn und ihre Tragestelzen, die Steuerungsanlage und der Verladekran ins Auge, alles geschützte Denkmäler aus der Zeit, da man die Kohle auf dem Luftweg von den Gruben hinunter zum Hafen transportiert hat. Insgesamt waren sechs derartige Seilbahnen in Betrieb mit einer Umladezentrale für die Kohlenkippen von den verschiedenen Gruben.

A Longyearbyen, les bennes de charbon tractées par câbles avec les tours de soutien, l'installation centrale et la grue de chargement sont toujours en place: ce site culturel protégé témoigne de l'époque où le charbon était transporté par câbles, des mines jusqu'au port. Il y avait alors six téléphériques industriels en fonction avec l'installation centrale de transbordement pour le charbon provenant des différentes mines. En 1986, les camions ont remplaçé les bennes.

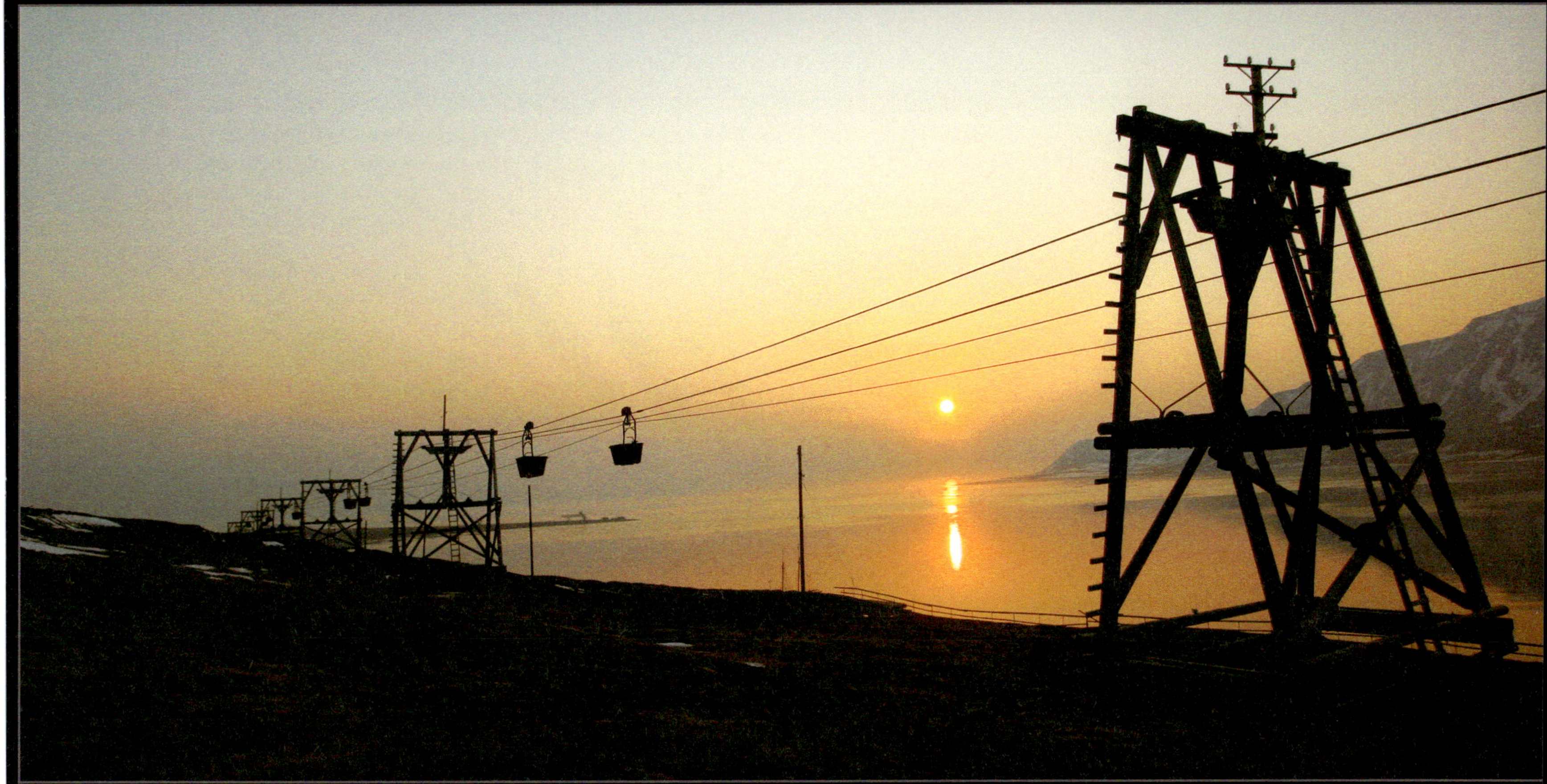

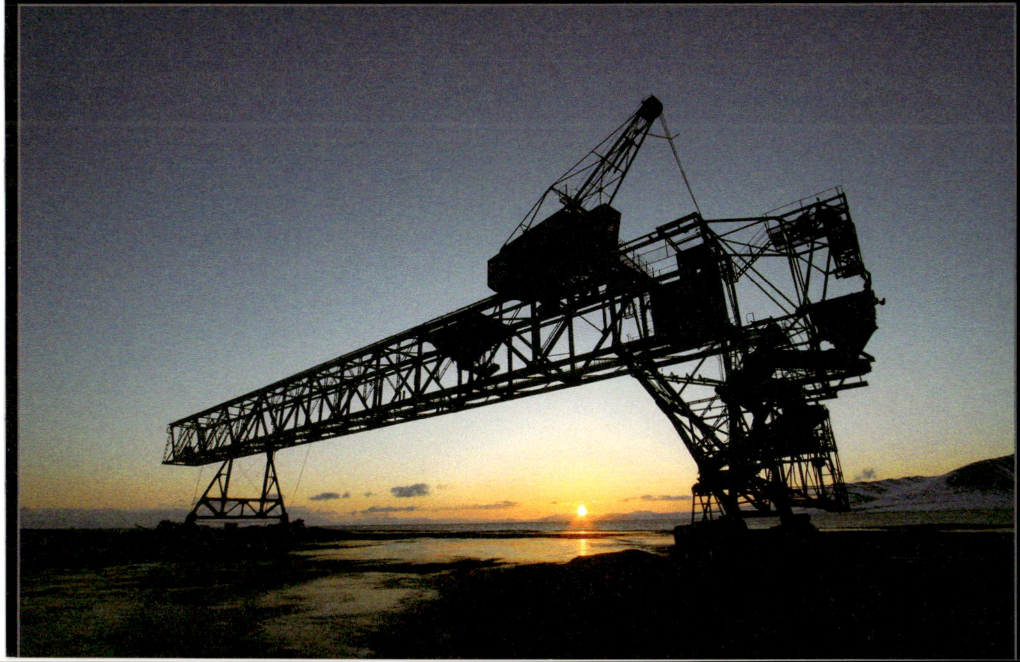

Taubanen fikk stadig nye forgreninger etter hvert som nye gruver ble åpnet, og bebyggelsen fulgte gjerne etter. Vi ser inngangen til Gruve 2b. Gruva ble skutt i brann under krigshandlinger i 1943 og brant til i 1962. Et nytt gruveinnslag ble åpnet, og driften fortsatte fram til 1968.

New branches were added to the aerial railway as new mines were opened and settlements established. Shown here is the Mine 2b entrance. Set alight during a battle (World War II) in 1943 fires burned here until 1962. A new mine passage was opened and operations continued until 1968.

Immer wenn neue Gruben geöffnet wurden, hat die Seilbahn neue Abzweigungen bekommen, und neue Gebäude waren dann die Folge. Wir sehen den Eingang zu Grube 2b. Diese Grube wurde 1943 bei einem Kriegsangriff in Brand geschossen und brannte bis 1962. Danach wurde die Grube erneut geöffnet und der Betrieb bis 1968 fortgesetzt.

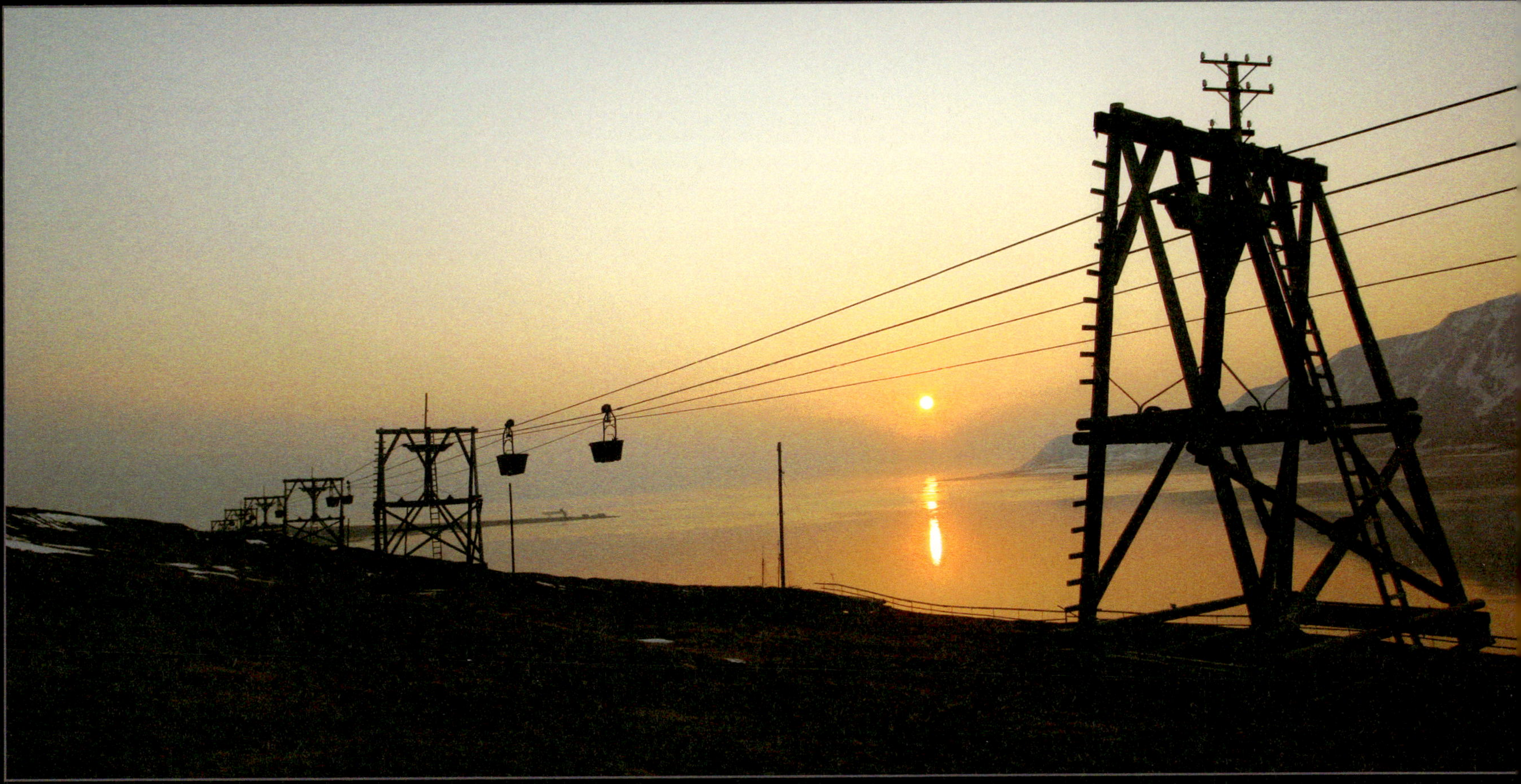

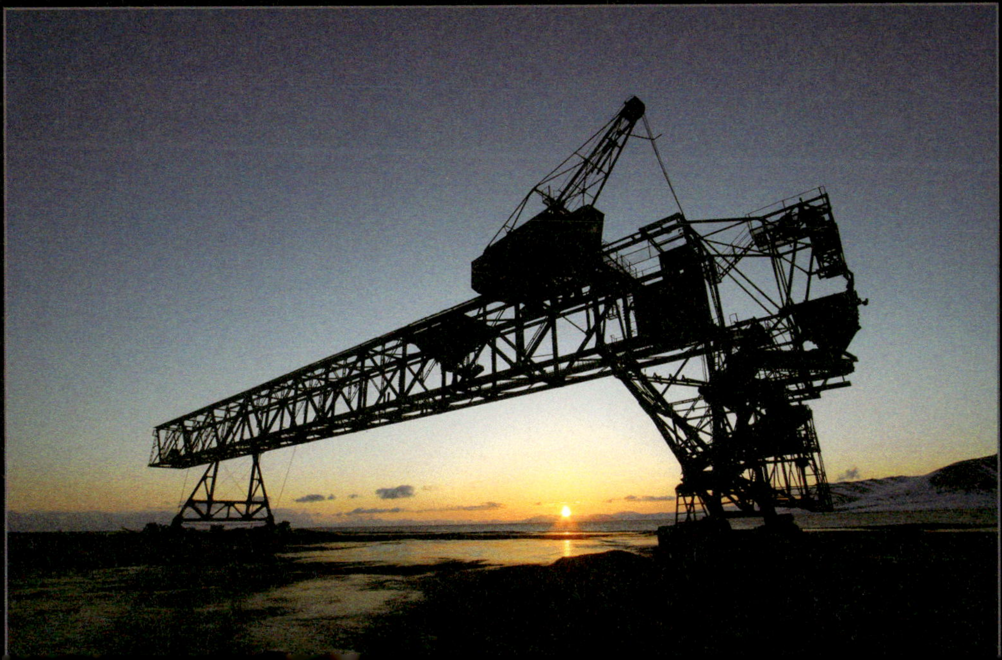

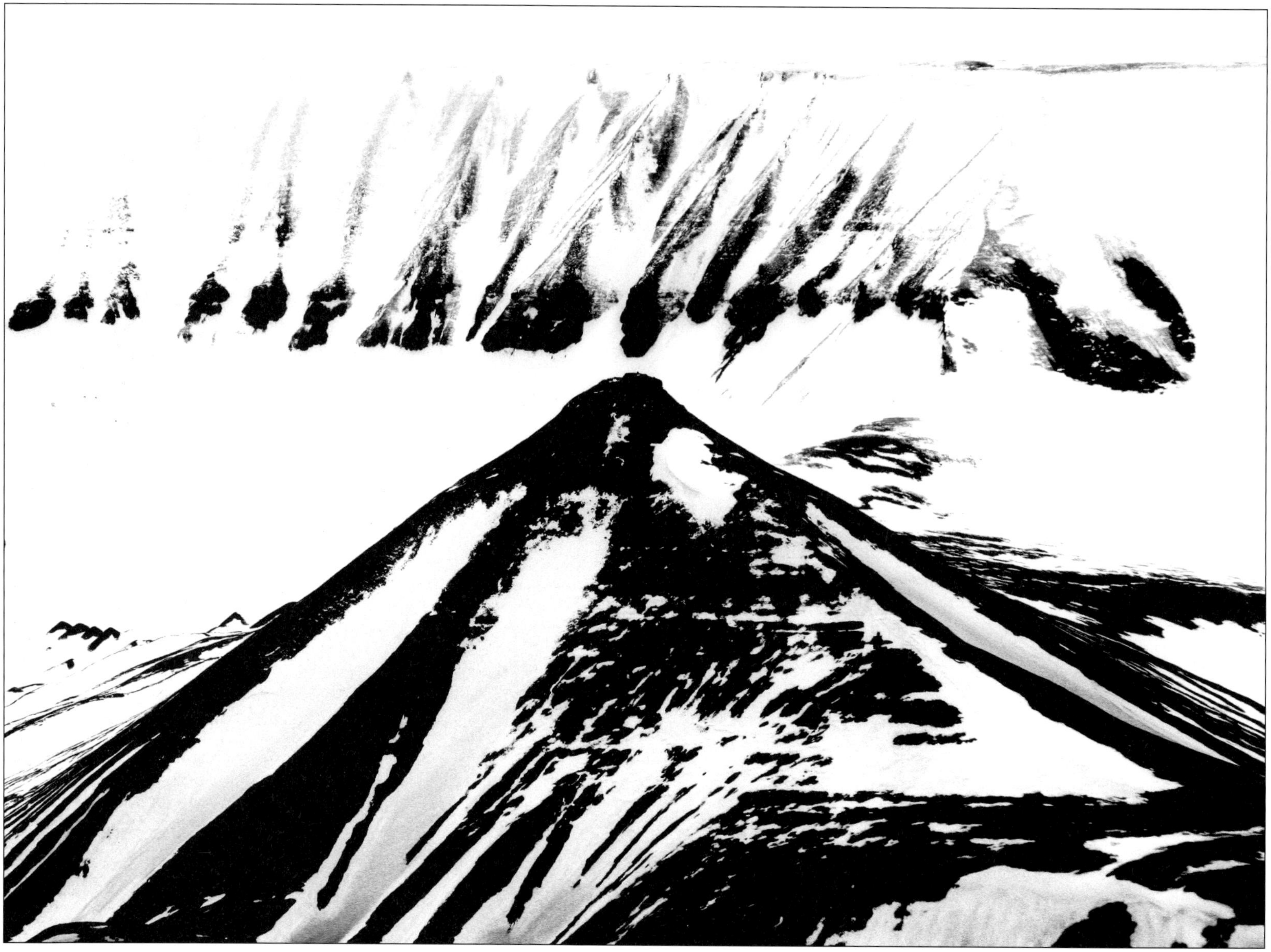

I det riktige samspill mellom lys og skygge framtrer det majestetiske Operafjellet som et grafisk kunstverk av enorme dimensjoner, risset med naturens egen kullstift.

In the right light majestic Mt. Operafjellet has the appearance of a graphic work of art of massive dimensions, fashioned by Nature's own charcoal pencil.

Bei entsprechendem Zusammenspiel von Licht und Schatten erscheint das majestätische Operafjell wie ein graphisches Kunstwerk von enormen Dimensionen, gezeichnet mit dem Kohlestift der Natur.

Pris dans un jeu d'ombre et de lumière, le majestueux mont Operafjellet s'impose comme une œuvre d'art aux proportions colossales crée par la nature.

Taubanen fikk stadig nye forgreninger etter hvert som nye gruver ble åpnet, og bebyggelsen fulgte gjerne etter. Vi ser inngangen til Gruve 2b. Gruva ble skutt i brann under krigshandlinger i 1943 og brant til i 1962. Et nytt gruveinnslag ble åpnet, og driften fortsatte fram til 1968.

New branches were added to the aerial railway as new mines were opened and settlements established. Shown here is the Mine 2b entrance. Set alight during a battle (World War II) in 1943 fires burned here until 1962. A new mine passage was opened and operations continued until 1968.

Immer wenn neue Gruben geöffnet wurden, hat die Seilbahn neue Abzweigungen bekommen, und neue Gebäude waren dann die Folge. Wir sehen den Eingang zu Grube 2b. Diese Grube wurde 1943 bei einem Kriegsangriff in Brand geschossen und brannte bis 1962. Danach wurde die Grube erneut geöffnet und der Betrieb bis 1968 fortgesetzt.

Avec l'ouverture de nouvelles mines, des ramifications du téléphérique sont apparues, suivies ordinairement par l'habitat. Nous voyons l'entrée de la Mine 2b. Cette mine incendiée suite à des actes de guerre en 1943 a brulé jusqu'en 1962. Une nouvelle entrée a été ouverte et l'exploitation a duré jusqu'en 1968.

Hovedproduksjonen av kull foregår i Svea, 60 km sør for Longyearbyen. De vel 250 arbeidstakerne bor i Longyearbyen og innkvarteres i Svea for en uke eller to. Utskiftning av personell foregår med fly.

Coal is mainly mined in Svea, 60 km south of Longyearbyen. The 250 workers live in Longyearbyen and are lodged in Svea for a week or two at a time. Replacement personnel are flown in by plane.

Die Hauptproduktion von Kohle erfolgt in Svea, 60 km südlich von Longyearbyen. Die 250 Arbeiter wohnen in Longyearbyen und werden für jeweils eine oder zwei Wochen in Svea einquartiert. Der Wechsel des Personals wird mit dem Flugzeug vorgenommen.

La plus grande production de charbon provient du site de Svea, situé à 60 km au sud de Longyearbyen. Les quelques 250 employés habitent à Longyearbyen mais sont logés à Svea pour une semaine ou deux. Le replacement du personnel se fait par avion.

Gruveselskapet Store Norske Spitsbergen Kulkompani kjøpte Sveagruva i Van Mijenfjorden av et svensk selskap i 1934. Etter vekslende drift og stillstand i årtier, startet produksjonen i Svea Nord for fullt i 2002. Svea Nord er Europas best drevne kullgruve. Med verdens mest moderne utstyr tas det ut omkring 3,5 millioner tonn i året.

The mining company Store Norske Spitsbergen Kulkompani acquired Sveagruva mine in Van Mijenfjorden from a Swedish company in 1934. After sporadic operation for decades, Svea Nord began full production in 2002. Svea Nord is Europe's most efficiently run coalmine. Equipped with the world's most modern equipment it extracts around 3.5 million tonnes annually.

Die Grubengesellschaft „Store Norske Spitsbergen Kulkompani" kaufte 1934 die Sveagrube im Van Mijenfjord von einer schwedischen Gesellschaft. Nach unterschiedlicher Betriebsamkeit und jahrzehnte langem Stillstand ist die Produktion seit 2002 in Svea Nord wieder in vollem Gange. Svea Nord ist Europas am effektivsten betriebene Kohlegrube. Mit der modernsten Ausrüstung der Welt werden hier ungefähr 3,5 Mill. Tonnen pro Jahr gefördert.

La compagnie minière Store Norske Spitsbergen Kulkompani a acheté les mines de Svea - situé dans le fjord "Van Mijenfjorden" à une compagnie suédoise en 1934. Après une longue période où ont alterné exploitation et interruption, la production a commencé pleinement à Svea Nord en 2002. Svea Nord est la mine d'Europe la mieux exploitée. A l'aide des procédés les plus modernes du monde, on extrait environ 3,5 millions de tonnes de charbon par an.

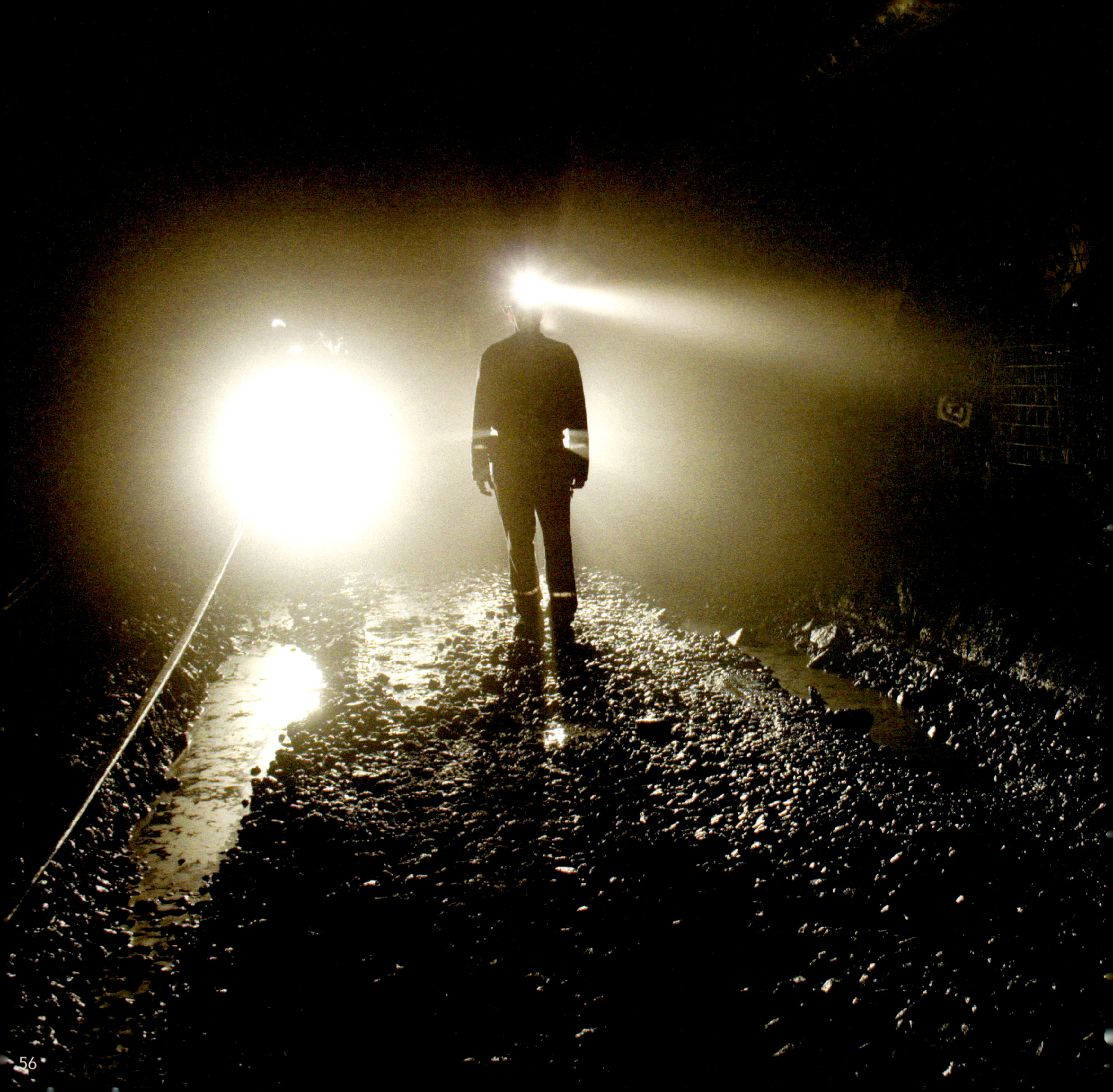

Kullene skjæres fra mektige lag på omkring 4 meters høyde og fraktes ut flere kilometer på transportbånd.

The coal is cut from massive layers around 4 metres in height and travels several kilometres by conveyor belt.

Die Kohle wird aus einer mächtigen, ca. 4 m hohen Schicht gebrochen und auf einem mehrere km langen Transportband nach draußen transportiert.

Le charbon est extrait de couches impréssionantes d'environ 4 mètres de haut puis transporté à l'extérieur par des bandes transporteuses sur plusieurs kilomètres.

Energiverket sørger for elektrisk kraft til Longyearbyen. Kullene kommer fra Gruve 7, den eneste av gruvene i Longyearbyen som fortsatt er i drift. På guidede turer kan man se moderne gruvedrift på nært hold. Ca. 20 mann tar ut omkring 75.000 tonn kull i året. 25.000 tonn går til energiverket, resten eksporteres til bruk i metallurgisk industri.

The power station provides electricity to Longyearbyen. The coal comes from Mine 7, the only mine in Longyearbyen still in operation. Guided tours show you modern mining at close quarters. Around 20 men mine approximately 75,000 tonnes of coal a year. 25,000 tonnes is allocated to the power station, the remainder is exported for use in the metallurgy industry.

Das Kraftwerk sorgt für elektrischen Strom in Longyearbyen. Die Kohle dafür kommt aus Grube 7, der einzigen, die in Longyearbyen noch in Betrieb ist. Geführte Touren gewähren aus der Nähe einen Einblick in den modernen Grubenbetrieb. Ca. 20 Mann bauen um die 75.000 Tonnen Kohle pro Jahr ab. 25.000 Tonnen gehen ans Kraftwerk, der Rest wird an die Metallindustrie exportiert.

La centrale au charbon procure l'énergie électrique de Longyearbyen. La houille provient de la Mine 7, la seule mine encore en exploitation. Lors de visites guidées, on peut découvrir de près l'exploitation moderne d'une mine. Des quelques 75.000 tonnes de charbon extraites chaque année par une vingtaine de mineurs, 25.000 tonnes sont utilisées par la centrale et le reste est exporté pour être utilisé dans l'industrie métallurgique.

59

Gruve 3 sto i sin tid for halvparten av den norske kullproduksjonen på Svalbard. Driften ble innstilt i 1996. Guidet omvisning i gruva gir innblikk i arbeidernes slitsomme liv langt inne i fjellet. Under: Daganlegget ved gruveinnslaget.

In its time Mine 3 accounted for half the Norwegian coal production on Svalbard. The mine was closed down in 1996. Guided tours in the mine provide an insight into the miners' laborious life far in the depths of the mountain. Below: Day facility by mine passage.

Grube 3 lieferte zu ihrer Zeit die Hälfte der norwegischen Kohleförderung in Svalbard. Der Betrieb wurde 1996 eingestellt. Geführte Touren in der Grube geben einen Eindruck von dem anstrengenden Leben der Arbeiter tief im Berg. Tagebau am Grubeneingang.

La Mine 3 produisait en son temps la moitié de la production de charbon norvégienne de Svalbard. L'exploitation a été suspendue en 1996. Des visites guidées dans la mine donnent une idée de la vie pénible des mineurs à l'intérieur de la montagne. Dessous: Installation actuelle à l'entrée de la mine.

Man har fossile øgler i store mengder fra Svalbard, men det ble en verdenssensasjon da skjelettet av en monsterøgle på 15 meter ble funnet i 2006. Pliosaurusen levde for 150 millioner år siden og var blant verdens største rovdyr. De som vil nøye seg med mindre suvenirer, kan bli med på fossilturer hvor man garantert vil finne forsteinede blad eller snegler fra Svalbards fjerne fortid for millioner av år siden.

Fossil lizards are found in large quantities on Svalbard, but it caused a global sensation when the skeleton of a monster lizard measuring 15 metres was found in 2006. The pliosaurus lived 150 million years ago and was among the world's largest predators. Those content with smaller souvenirs, can join a fossil trip where you are guaranteed finds of petrified leaves or snails from Svalbard's prehistoric past.

Fossile Saurier sind in Svalbard zuhauf gefunden worden, doch als man 2006 das Skelett eines 15 m langen Dinosauriers fand, war das eine Weltsensation. Der Plesiosaurus lebte vor 150 Mill. Jahren und war eines der größten Raubtiere auf Erden. Wer sich mit kleineren Souvenirs begnügt, kann mit auf Fossiliensuche gehen und wird garantiert versteinerte Blätter oder Schnecken aus Svalbards ferner Vorzeit finden.

Le Svalbard possède une grande quantité de fossiles de sauriens, mais lorsqu'en 2006, on y a découvert le squelette d'un monstre de 15 mètres, la nouvelle a fait le tour du monde. Il y a 150 millions d'années, le Pliosaurus était l'un des plus gros prédateur de l'ère mésozoïque. Si l'on se contente de souvenirs de taille plus modeste, on peut participer à des randonnées où on trouvera à coup sûr des feuillages ou des mollusques fossilisés, vieux de plusieurs millions d'années.

Overalt på Svalbard støter man på entreprenørfirmaet LNS Spitsbergen. LNS driver blant annet med anleggsvirksomhet for Store Norske og er involvert i alle praktiske oppgaveløsninger fra snørydding til kjerneprøveboring i Coles Bay (under) samt bygging av det globale frølageret (t.h.).

All over Svalbard you will run into the entrepreneur firm LNS Spitsbergen. LNS activities include construction work for Store Norske and all practical tasks from clearing snow to test core drilling in Coles Bay (below) and building of the global seed vault (at right).

Überall in Svalbard stößt man auf das Bauunternehmen „LNS Spitsbergen". LNS betreibt u.a. die Baustelle für Store Norske und ist an allen Lösungen praktischer Aufgaben vom Schneeräumen bis zu Probebohrungen in der Coles Bay (unten) beteiligt, einschließlich des Baues der globalen Samenbank (rechts).

A Svalbard nous rencontrons partout l'entreprise "LNS Spitsbergen". LNS s'occupe, entre autres, du fonctionnement des installations de "Store Norske" et elle est impliquée dans toutes les activités pratiques: le déblaiement de la neige, le forage d'échantillons dans la baie de Coles (ci-dessous) et la construction de la réserve mondiale de semences (à d.).

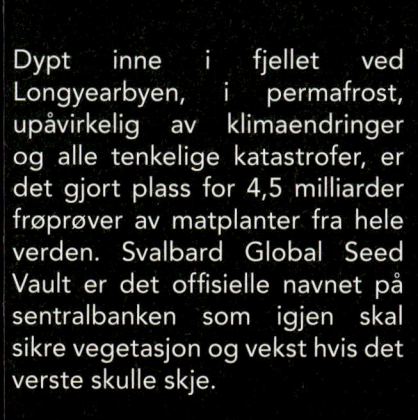

Dypt inne i fjellet ved Longyearbyen, i permafrost, upåvirkelig av klimaendringer og alle tenkelige katastrofer, er det gjort plass for 4,5 milliarder frøprøver av matplanter fra hele verden. Svalbard Global Seed Vault er det offisielle navnet på sentralbanken som igjen skal sikre vegetasjon og vekst hvis det verste skulle skje.

Far inside the mountain at Longyearbyen, in permafrost, unaffected by changes in the climate and any imaginable disaster, room has been made for 4.5 billion seed samples of food plants from all over the world. Svalbard Global Seed Vault is the official name for the central bank that in turn will ensure vegetation and growth if the worst should happen.

Tief unten im Berg bei Longyearbyen, im Permafrost, unbeeinflussbar von Klimaänderungen und allen erdenklichen Katastrophen, hat man Platz geschaffen für 4,5 Milliarden Samenproben essbarer Pflanzen aus der ganzen Welt. „Svalbard Global Seed Vault" ist der offizielle Name der Zentralbank, die die Vegetation und ihr Wachstum sichern soll, falls der schlimmste Fall eintritt.

Un entrepôt pour 4,5 milliards d'échantillons de graines de plantes alimentaires provenant de tout le globe a été construit dans les profondeurs de la montagne près de Longyearbyen; bien au-dessus du niveau de la mer, et plongée dans le permafrost, la "Svalbard Global Seed Vault", qui est le nom officiel de cette banque de semences, assurera la sécurité alimentaire future du monde entier si le pire devait arriver.

Man kan kjøpe det man trenger i Longyearbyen, fra skreddersydde våpenfutteral til arktiske kosedyr, fra snøskutere til mote- og temperaturriktige plagg, fra kunst og kunsthåndverk til minneverdige suvenirer. Nordpolet har godt utvalg i edlere merker, og Svalbardposten formidler nyheter og debatt i lokalsamfunnet.

You can buy what you need in Longyearbyen, from custom-made weapon cases to Arctic stuffed toys, from snow scooters to fashionable and temperature-resistant attire, from fine arts and applied arts to souvenirs. Nordpolet stocks a wide range of upper shelf labels, and Svalbard post office is an informal centre for news and debate in the local community.

In Longyearbyen kann man seinen Bedarf an vielen notwendigen Dingen decken, von maßgeschneiderten Waffenfutteralen bis zu arktischen Plüschtieren, von Motorschlitten bis zu modischer, wetterbeständiger Kleidung, von Kunst und Kunsthandwerk bis zu Erinnerungsstücken. Der Alkoholladen „Nordpol" bietet eine edles Sortiment, und die Zeitung „Svalbardposten" vermittelt lokale Neuigkeiten und Debatten.

A Longyearbyen, on peut acheter tout ce dont on a besoin, de l'étui d'arme fait sur mesure aux peluches, du motoneige aux vêtements chauds et à la mode, de l'art et de l'artisanat d'art aux "souvenirs". Le "Nordpolet" propose un grand choix de boissons de marques réputées et la poste de Svalbard transmet les informations et les débats de la communauté locale.

65

Den danske billedkunstneren Aino Grib bosatte seg og etablerte atelier og galleri på Svalbard i 2004. Kontrastene i det unike lyset uttrykker hun i oljebilder, akvareller og trykk. Hun har bl.a. laget utsmykking til Radisson SAS Polar Hotel Spitsbergen. Inspirasjonen fra det fantastiske landskapet er langt fra uttømt, sier hun.

The Danish painter Aino Grib settled here and established a studio and gallery on Svalbard in 2004. The contrasts in the unique light are featured in her oil paintings, water colours and prints. She has created the décor for Radisson SAS Polar Hotel Spitsbergen. In her opinion Svalbard's amazing landscape is one of virtually untapped potential.

Die dänische Kunstmalerin Aino Grib ließ sich 2004 in Svalbard nieder und eröffnete ein Atelier und eine Galerie. Die Kontraste des unvergleichlichen Lichtes drückt sie durch Ölgemälde, Aquarelle und Drucke aus. Unter anderem hat sie das „Radisson SAS Hotel Spitsbergen" ausgeschmückt. Nach ihrer Meinung ist die Inspiration der phantastischen Landschaft noch lange nicht ausgeschöpft.

En 2004, la peintre danoise Aino Grib s'est installée à Svalbard où elle a établi un atelier et une galerie. Dans ses huiles, ses aquarelles et ses impressions, elle explore les jeux de lumières dont seule la nature de Svalbard a le secret. Pour Aino Grib, la merveilleuse étrangeté du paysage est une inépuisable source d'inspiration. C'est à cette artiste que l'on doit, entre autres, les décorations de l'hôtel "Radisson SAS Polar Hotel Spitsbergen".

Olaf Storø jobber med grafikk, maling, skulptur og glass, men liker seg best i terrenget på tur. På Galleri Svalbard henger det en permanent salgsutstilling som viser noen arbeider fra hans 20 år som kunstner på heltid. Når han nå har flyttet inn i sitt nye bygg, vil det føre til mange nye prosjekter.

Olaf Store produziert Graphiken, Gemälde, Skulpturen und Glasobjekte, mag aber am liebsten draußen in freier Natur unterwegs sein. Die Galerie Svalbard zeigt in einer permanenten Verkaufsausstellung eine Auswahl aus seiner 20jährigen Schaffenszeit als Vollzeitkünstler. Mit dem Umzug in sein neues Gebäude beginnt er viele neue Projekte.

Olaf Storø is a painter, graphic artist and glass artist, with a permanent sales exhibition at Galleri Svalbard. He is also enamoured by this spellbinding scenery, and winter mountains bathed in Arctic light is a motif he regularly seeks back to.

Olaf Storø est peintre, graphiste, sculpteur et verrier. Ce sont ses randonnées dans la nature qui l'inspirent le plus. La "Galleri Svalbard" expose de façon permanente quelques unes de ses œuvres, des vingt dernières années. L'artiste qui vient de s'installer dans sa nouvelle maison, a de nombreux projets en tête.

I Galleri Svalbard kan man se malerier av Kåre Tveter og arbeider av andre kunstnere som i ulike uttrykksformer har brukt Svalbard-naturen som inspirasjonskilde. Galleriet har også en samling av historiske kart, litografier, bøker og pengesedler fra Svalbard. Tilreisende kunstnere fra hele verden kan leie seg hybel og arbeide i dette miljøet.

At Galleri Svalbard you can see paintings by Kåre Tveter and other artists' works, which in different forms of expression have used the Svalbard landscape as a source of inspiration. The gallery also has a collection of historic maps, lithographs, books and currencies from Svalbard. Artists from across the globe can rent a bed-sit here and work freely in this environment.

In der „Galleri Svalbard" kann man Gemälde von Kåre Tveter und anderen Künstlern mit unterschiedlichen Ausdrucksformen bewundern, die auf die Natur Svalbards als Inspirationsquelle zurückgegriffen haben. Die Galerie verfügt außerdem über eine Sammlung historischer Karten, Lithographien, Bücher und Geldscheine von Svalbard. Zugereiste Künstler aus der ganzen Welt können sich dort einquartieren und dieses Milieu zum Arbeiten nutzen.

Dans la "Galleri Svalbard", on peut découvrir des tableaux du peintre Kåre Tveter et les œuvres d'autres artistes puisant leur inspiration dans la nature de Svalbard. La galerie dispose aussi d'une collection de cartes historiques, de lithographies, de livres et de billets de banque de Svalbard. Les artistes voyageurs peuvent louer une chambre et travailler dans ce milieu.

69

Gullsmed Marina Van Dijk og glasskunstner Anne-Mette Berg har sine arbeidsplasser i Longyearbyen kunst- og håndverkssenter. Smykkene og glassarbeidene deres er preget av at de henter inspirasjon fra naturen som omgir dem på Svalbard.

Goldsmith Marina Van Dijk and glass artist Anne-Mette Berg have their workplaces in Longyearbyen fine arts and applied arts centre. The two artists have gathered inspiration for their jewellery and glassworks from the Svalbard landscape.

Die Goldschmiedin Marina van Dijk und die Glaskünstlerin Anne-Mette Berg haben ihren Arbeitsplatz im Kunst- und Handwerkszentrum von Longyearbyen. Ihre Inspiration für den Schmuck und die Glasarbeiten beziehen sie aus der Natur Svalbards.

L'orfèvre Marina Van Dijk et l'artiste verrier Anne-Mette Berg ont leur atelier au Centre des arts et de l'artisanat de Longyearbyen. Là encore, c'est une communion avec la Nature de Svalbard qui inspire leurs bijoux et travaux sur verre.

Et forsamlingshus ble tatt i bruk i Longyearbyen i 1951. Det har spilt en uvurderlig rolle i lokalsamfunnets sosiale og kulturelle liv. Foruten møte- og festlokale, rommer Huset en av Norges beste restauranter, unik vinkjeller, kafé og nattklubb. Det er vedtatt å bygge nytt kulturhus, men mange kjemper for å bevare det tradisjonsrike Huset.

A village hall was put into use in Longyearbyen in 1951, since playing an invaluable role in the local community's social and cultural way of life. Besides being a meeting and festivity location, the building houses one of Norway's best restaurants, a unique wine cellar, café and nightclub. A decision has been made to build a new cultural centre, but many are fighting to preserve the tradition-filled "Huset".

Im Jahre 1951 wurde in Longyearbyen ein Versammlungshaus eingerichtet, das seitdem eine nennenswerte Rolle im sozialen und kulturellen Leben der Gemeinde gespielt hat. Neben Versammlungs- und Festräumen befindet sich im „Huset" eines der besten Restaurants Norwegens mit einzigartigem Weinkeller, Café und Nachtclub. Es wurde beschlossen, ein neues Kulturhaus zu bauen, aber viele kämpfen für die Bewahrung des traditionsreichen „Huset".

A Longyearbyen, un Centre culturel est entré en fonction en 1951. Il a joué un rôle inestimable dans la vie sociale et culturelle de la communauté locale. En plus des réunions et des fêtes locales, le bâtiment offre un des meilleurs restaurants de la Norvège, disposant d'une cave à vin, d'un café et d'une boîte de nuit. Le projet de construction d'un nouveau centre culturel a été adopté, mais de nombreux habitants se sont mobilisés pour conserver le centre traditionnel, riche en souvenirs.

Svalbard har en stor lokal reinstamme, spredt over hele øygruppen. Bare i Adventdalen er det registrert opp til 1100 dyr. De ferdes både på veien og inne i bebyggelsen. Fareskilt minner om at man også i Longyearbyen må være på vakt mot isbjørn.

Svalbard has a local reindeer flock, spread throughout the archipelago. Just in Adventdalen alone there has been 1100 animals registered. They wander along the road and in amongst the houses. Warning signs remind you that even in Longyearbyen you have to watch out for polar bears.

Svalbard hat einen großen lokalen Stamm an Rentieren, der sich über die ganze Inselgruppe ausbreitet. Schon allein im Adventtal sind es bis zu 1100 Tiere. Sie laufen in den Strassen und zwischen den Häusern umher. Warnschilder weisen darauf hin, dass man auch in Longyearbyen mit Eisbären rechnen muss.

Le Svalbard dispose d'un gros troupeau de rennes locaux, dispersé sur tout l'archipel. Rien que dans la vallée d'Adventdalen, environ 1100 bêtes ont été enregistrées. On les trouve aussi bien sur les routes qu'autour des maisons. Des panneaux nous rappellent aussi qu'à Longyearbyen il faut faire attention aux ours.

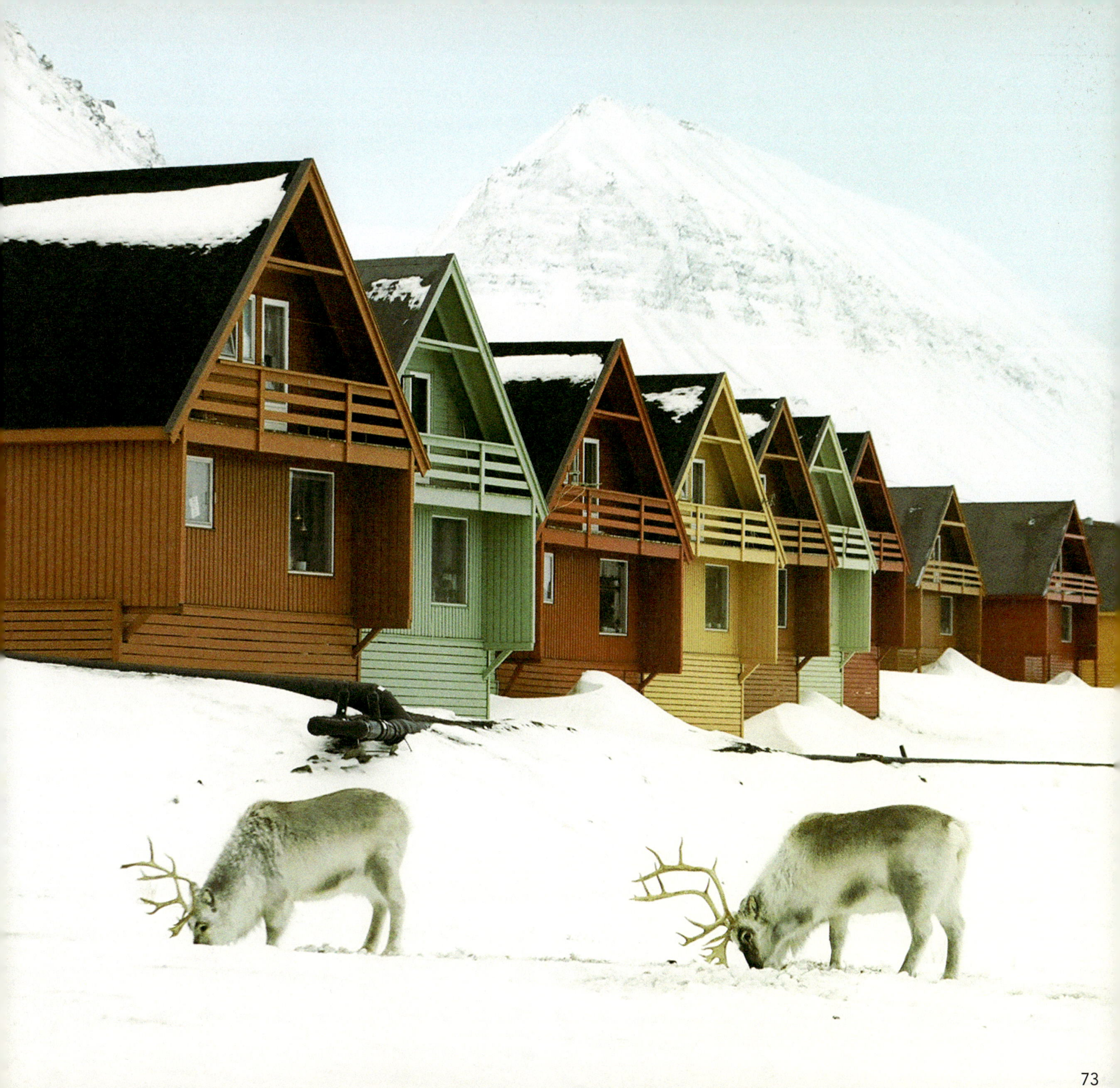

Med 518 felte isbjørner gikk Fredrik Rubach (t.v.) inn i rekken av legendariske fangstmenn med tallrike overvintringer på Svalbard i primitive hytter. Da den norske fangsten var på det høyeste, overvintret ca. 50 mann. Nå er tallet nede i omkring ti. De jakter på rev, reinsdyr, sel, ryper, gås og røye og sanker verdifull ærfugldun.

With 518 felled polar bears Fredrik Rubach (at left) joins the ranks of legendary hunters who spent numerous winters in primitive Svalbard huts. When Norwegian hunting was at its peak, ca. 50 men lasted the winter this way. Now the number is down to ten, and these hunt foxes, reindeer, seals, grouse, geese and Arctic char (fish) and gather valuable eider down.

Mit 518 erlegten Eisbären reihte sich Fredrik Rubach in die Reihe der legendarischen Jäger ein, die viele Überwinterungen in primitiven Hütten in Svalbard durchstanden. Die höchste Anzahl an norwegischen Jägern, die man in einem Winter zählte, war 50 Mann. Nun ist die Zahl auf 10 gesunken. Sie jagen Füchse, Rentiere, Robben, Schneehühner, Gänse und Saiblinge und sammeln die wertvollen Eiderdaunen.

Avec 518 ours polaires abattus, Fredrik Rubach (à g.) est entré dans la liste des chasseurs légendaires ayant passé un nombre impressionant d'hivernage dans des cabanes primitives à Svalbard. A l'apogée de la chasse norvégienne, environ 50 hommes hivernaient ici. Aujourd'hui, il n'en reste plus qu'une dizaine. Ils chassent le renard, le renne, le phoque, la perdrix, l'oie, pêchent l'ombre chevalier et recueillent le précieux duvet de l'eider.

75

Lysene fra Longyearbyen blir en blek konkurrent til det fargerike nordlyset, som her brer seg ut fra Hiorthfjellet, over Adventdalen med lysglimt fra Gruve 7 og EISCAT på Gruve 7-fjellet, over Longyearbyen og den opplyste flyplassen helt til høyre.

The lights from Longyearbyen pale in comparison to the vibrant colours of the Northern Lights, seen here radiating from Mt. Hiorthfjellet, over Adventdalen. Glimpses of light appear from Mine 7 and EISCAT on the Mine 7 mountain, above Longyearbyen and the floodlit airport at far right.

Die Lichter von Longyearbyen sind ein bleicher Abglanz im Vergleich zu den farbenprächtigen Nordlichtern, die sich über dem Hjorthfjell, dem Adventtal mit dem Lichtschimmer von Grube 7, EISCAT auf dem Grube 7-Berg und dem erleuchteten Flugplatz (ganz rechts) bewegen.

Les illuminations de Longyearbyen ne peuvent rivaliser avec les aurores boréales richement colorées; ici, elles s'étalent d' "Hiorthfjellet" jusqu'à Longyearbyen avec son aéroport éclairé tout à droite, en passant par dessus la vallée d'"Adventdalen" avec les lumières de la Mine 7 et d'EISCAT sur le mont "Gruve 7".

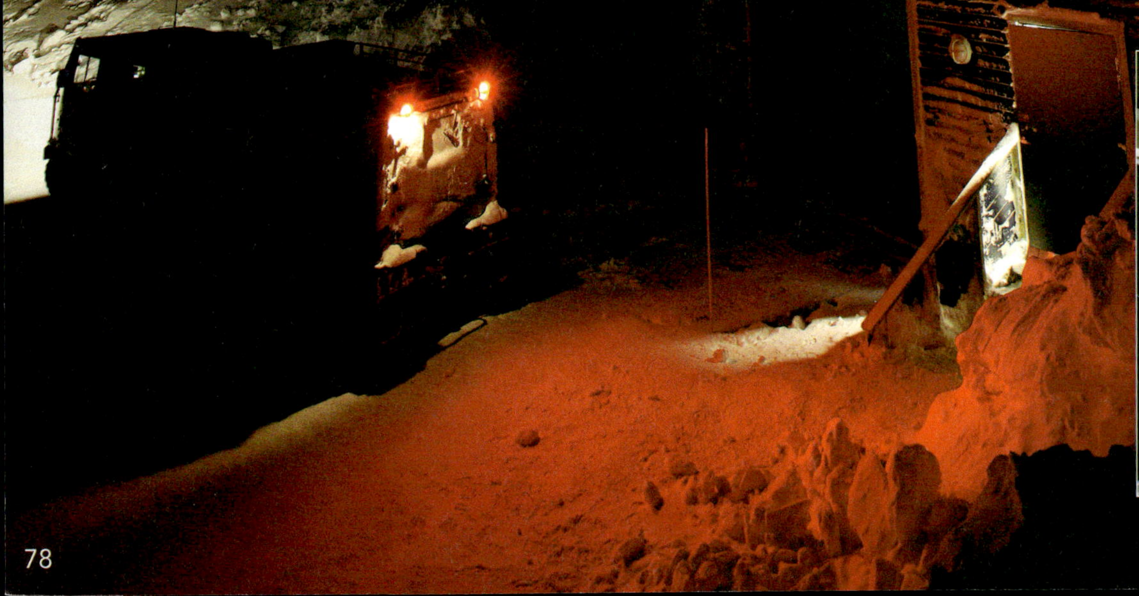

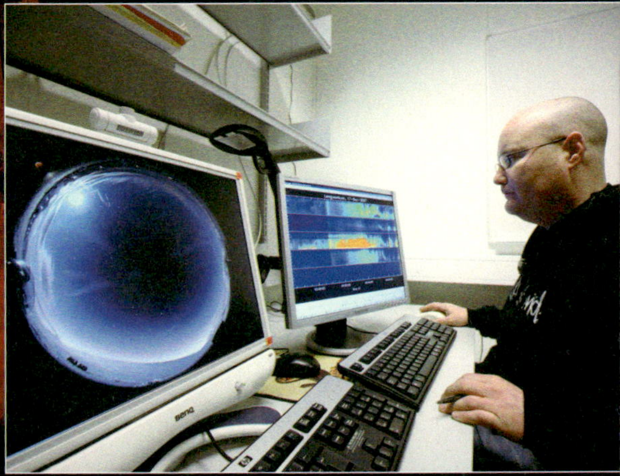

Svalbard ligger unikt til for utforskning av nordlyset. Den første forskningsstasjonen ble etablert her i 1978. Den har betydd mye for framveksten av det store romforskningsmiljøet på Svalbard. Vinteren 2008 ble et nytt nordlysobservatorium tatt i bruk på toppen av Gruve 7-fjellet ved Longyearbyen. Det er det mest moderne anlegg i verden i sitt slag.

Svalbard lies in a unique position for research of the Northern Lights. The first research station was established here in 1978, and has played a major role in the progress of the massive outer space research milieu on Svalbard.
In the winter of 2008 a new Northern Lights observatory was opened at the top of the Mine 7 mountain near Longyearbyen - the most modern of its kind in the world.

Svalbard hat eine einzigartige Lage für die Erforschung des Nordlichtes. Die erste Forschungsstation wurde 1978 errichtet. Sie hat eine große Bedeutung für die Entwicklung der Raumforschung in Svalbard gehabt.
Im Winter 2008 wurde auf dem Gipfel des Grube-7-Berges bei Longyearbyen ein neues Nordlichtobservatorium in Betrieb genommen, die modernste Anlage ihrer Art in der Welt.

La situation de Svalbard est unique pour l'observation des aurores boréales. La première station de recherche, établie en 1978, a beaucoup contribué à développer la recherche spatiale à Svalbard.
En 2008, un nouvel observatoire d'aurores boréales, situé au sommet du mont Gruve 7 à Longyearbyen, est entré en fonction. Cette installation est l'une des plus modernes de ce type, au monde.

EISCAT-radaren ovenfor Gruve 7 ved Longyearbyen er verdens mest avanserte i sitt slag. Med to antenner på 32 og 42 meter i diameter utforskes atmosfæren opp til 1000 km. Radaren gir blant annet økt kunnskap av stor verdi i den aktuelle klimadebatt.
Forskningsinstitusjoner i Norge, Sverige, Finland, Storbritannia, Tyskland, Japan og Kina står bak det internasjonale EISCAT-prosjektet.

The EISCAT radar above Mine 7 at Longyearbyen is the world's most advanced of its kind. With the aid of two antennas measuring 32 and 42 metres in diameter the atmosphere is researched as high up as 1000 km. The radar provides added knowledge of enormous value in the current debate on the climate.
Research institutions in Norway, Sweden, Finland, United Kingdom, Germany, Japan and China are behind the international EISCAT project.

Das EISCAT-Radar oberhalb Grube 7 in Longyearbyen ist das fortschrittlichste seiner Art in der Welt. Mit zwei Antennen von 32 und 42 m Durchmesser wird die Atmosphäre bis in eine Höhe von 1000 km erforscht. Das Radar liefert einen wertvollen Beitrag zur aktuellen Klimadebatte. Forschungsinstitutionen aus Norwegen, Schweden, Finnland, Großbritannien, Deutschland, Japan und China stehen hinter dem internationalen EISCAT-Projekt.

Le radar d'EISCAT sur le mont "Gruve 7" à Longyearbyen est le radar le plus avancé au monde de ce type. Avec ses 2 antennes paraboliques de 32 et 42 mètres de diamètre, il explore l'atmosphère jusqu'à une hauteur de 1000 km. Etant donné le débat actuel sur le réchauffement climatique, ce radar apporte des informations scientifiques de première importance.
Des instituts de recherche de Norvège, de Suède, de Finlande, de Grande Bretagne, d'Allemagne, du Japon et de Chine sont responsables du projet international d'EISCAT.

Satellittbildet forteller om klart vær over det meste av Svalbard. Bak bildet står Svalsat på Platåfjellet, verdens største stasjon for mottak av data fra polarbane satellitter. Svalsat har kontakt med jord-observasjonssatellitter som danner grunnlag for blant annet all værmelding på den nordlige halvkule.

The satellite picture shows fine weather over most of Svalbard. Behind the picture is Svalsat on Mt. Platåfjell, the world's biggest station for receiving data from polar orbiting satellites. Svalsat is in contact with earth observation satellites that form the basis for, among other things, all weather reports in the Northern Hemisphere.

Das Satellitenbild zeigt klares Wetter über dem größten Teil von Svalbard an. Das Bild stammt von Svalsat auf dem Platåfjell, der größten Station für die Entgegennahmen an Daten von Satelliten in polarer Umlaufbahn. Svalsat steht in Kontakt mit Erdbeobachtungssatelliten, die u.a. die Grundlage für alle Wettermeldungen auf der nördlichen Halbkugel liefern.

La photo satellite montre un temps découvert sur la plus grande partie de Svalbard. Elle provient de la station de Svalsat, situé sur la montagne "Platåfjellet"; Svalsat est la plus grande station au monde de réception de données des satellites en orbite autour du pôle. Cette station est en contact avec les satellites d'observation de la terre qui forment les bases, entre autres, de toutes les prévisions météorologiques de la moitié Nord du globe.

Når det går mot vår og snøen litt etter litt forsvinner i Operafjellet, avtegner det seg et champagneglass i fjellsiden. Når stetten er brutt, da vet man at det atter er sommer på Svalbard.

As spring approaches and snows disappear little by little on Mt. Operafjell, the form of a champagne glass appears on the mountainside. When the stem is 'broken', you know that summer has arrived in Svalbard.

Wenn es Frühling wird und der Schnee am Operafjell langsam verschwindet, zeichnet sich an der Bergwand die Figur eines Champagnerglases ab. Wenn der Stiel abbricht, weiß man, das der Sommer Svalbard erreicht hat.

Lorsque le printemps arrive et que la neige disparaît peu à peu sur "Operafjellet", une coupe de champagne semble se dessiner sur le flanc de la montagne. Lorsque le pied de la coupe se casse, on sait alors que l'été est revenu sur Svalbard.

Svalbard-området har et forbausende rikt fugleliv med 203 registrerte arter. Fuglefjell med opp til 100 000 individer er en uimotståelig fristelse for polarreven. Fra venstre ser vi ærfuglunge, alkekonge, lundefugl, hvitkinngås og ærfugl. Under Svalbardrypa, den eneste stedegne fuglen så langt mot nord.

The Svalbard region has a surprisingly rich birdlife with 203 registered species. The bird mountain with up to 100,000 individuals is an irresistible temptation for the polar fox. From left we see an eider duckling, little auk, puffin, barnacle goose and eider duck. Below is the Svalbard grouse, the only local origin bird found so far north.

Im Gebiet von Svalbard gibt es einen erstaunlichen Vogelreichtum mit 203 registrierten Arten. Der Vogelfelsen mit 100 000 Individuen übt eine unwiderstehliche Anziehungskraft auf den Polarfuchs aus. Von links sehen wir Eiderentenjunge, Krabbentaucher, Papageitaucher, Weißwangengänse und Eiderenten. Darunter das Svalbard-Schneehuhn, der einzige ortsfeste Vogel so weit im Norden.

Avec ses 203 espèces d'oiseaux enregistrées, la région de Svalbard a une faune étonnamment riche. Les oiseaux nichant sur les falaises et formant une colonie de près de 100.000 individus, sont une tentation irrésistible pour le renard polaire. A partir de la gauche, on voit: un caneton eider, des mergules nains, un macareux moine, des bernaches nonnettes et des eiders. En dessous, la perdrix des neiges de Svalbard, le seul oiseau indigène sédentaire à une latitude aussi septentrionale.

Gruveselskapet Store Norske engasjerte Kunsthøgskolen i Bergen til å utarbeide en fargeplan for hele bebyggelsen i Longyearbyen. Svalbard-naturens egne farger er lagt til grunn, og resultatet er blitt til daglig glede for folket i et fargerikt samfunn.

The mining company Store Norske commissioned Bergen National Academy of the Arts to design a colour plan for the entire settlement in Longyearbyen. The colours of the Svalbard landscape formed the basis, and the result is a source of daily pleasure for the residents in a colourful community.

Die Grubengesellschaft Store Norske engagierte die Kunsthochschule in Bergen, um einen Plan für die Farbgebung der gesamten Bebauung in Longyearbyen auszuarbeiten. Die Farben der Natur in Svalbard wurden zu Grunde gelegt, das Ergebnis ist den Bewohnern dieses farbenfrohen Gemeinwesens eine tägliche Freude.

La compagnie minière "Store Norske" a engagé l'école des Beaux-Arts de Bergen pour élaborer une combinaison de coloris – inspirée par les couleurs naturelles particulières au Svalbard – pour tous les bâtiments de Longyearbyen. Le résultat, particulièrement harmonieux, fait le bonheur de cette communauté typique.

85

Trær finnes ikke, men floraen er forbausende rik, takket være Golfstrømmen. Det er registrert omkring 1150 arter, inklusive mose og lav. Sommerlyset gir intens blomstring. Rødsildre (til høyre) finnes overalt. Svalbardvalmuen (over) i hvitt og gult har status som fylkesblomst. Plukking av blomster og planter er forbudt, da det kan ødelegge en mangeårig prosess fram mot blomstring.

No trees, but incredibly plentiful and varied flora, thanks to the Gulf Stream. Around 1150 species are registered here, including mosses and lichen. The summer light generates intense flowering. Purple saxifrage (at right) is everywhere. The Svalbard Poppy (above) in white and yellow is Svalbard's 'national flower'. Picking of flowers and plants is prohibited, as this can spoil the flowering process (which takes many years).

Bäume gibt es nicht, dennoch ist die Flora dank des Golfstromes erstaunlich vielfältig. 1150 Arten sind registriert worden, einschließlich Moose und Flechten. Das Licht des Sommers bringt viele Blumen hervor. Den Gegenblättrigen Steinbrech gibt es überall. Der Polarmohn in weiß und gelb hat den Status einer Blume der Provinz. Das Pflücken von Blumen und anderen Pflanzen ist verboten, da der mehrjährige Prozess des Gedeihens dadurch zerstört wird.

Il n'y a aucun arbre, mais grâce au Gulf Stream, la flore est étonnamment riche: 1150 espèces végétales ont été enregistrées, incluant la mousse et le lichen. La lumière estivale encourage une floraison intense et l'on trouve la Saxifrage à feuilles opposées partout. Le pavot blanc et jaune de Svalbard a le statut de fleur du territoire. La cueillette de fleurs et de plantes est interdite, pour ne pas mettre en péril le cycle de reproduction des espèces végétales.

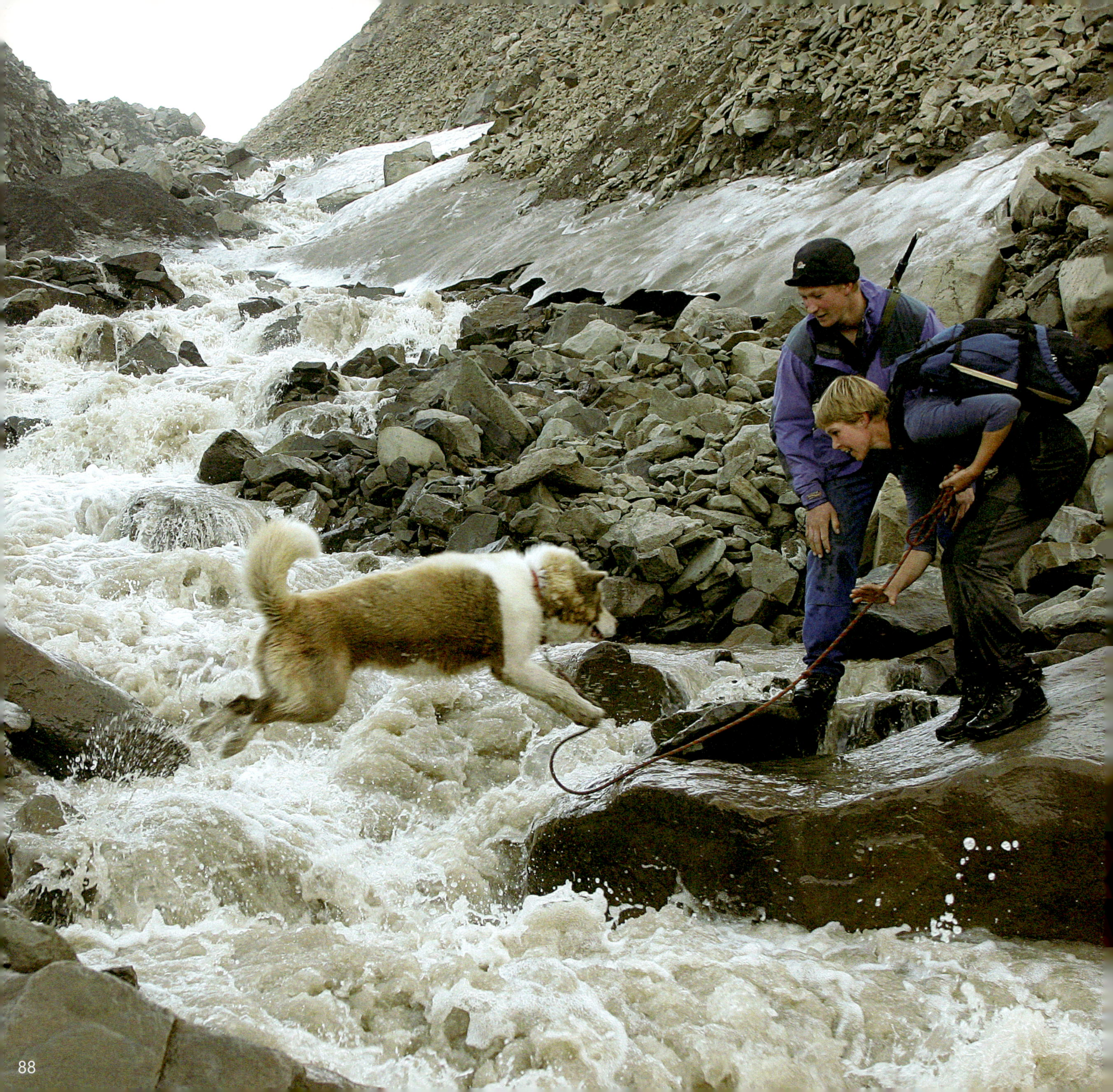

En egen turistforskrift skal beskytte både natur og turister. Det er meldeplikt for ferdsel over store deler av Svalbard. Turister advares mot å legge ut på egen hånd. Profesjonelle turoperatører tilbyr et rikt spekter av guidede turer.

A separate tourist regulation is designed to protect the landscape and tourists. Visitors travelling over large expanses of Svalbard are required to fill out a notification form. Travelling alone is advised against. Professional tour operators offer a wide range of guided tours.

Spezielle Touristenregeln sollen sowohl die Natur als auch die Touristen schützen. In den meisten Bereichen von Svalbard müssen geplante Touren vorher angemeldet werden. Die Touristen werden gewarnt, auf eigene Faust loszugehen. Professionelle Führer bieten ein reiches Spektrum an Touren an.

Un règlement touristique particulier protège la nature et les touristes. Sur une grande partie du territoire de Svalbard, il est obligatoire d'enregistrer vos randonnées. On déconseille fortement aux touristes d'explorer le territoire de leur propre initiative. Des tour-opérateurs professionnels vous proposent un grand choix de randonnées guidées.

Gjennom årtusener har naturens krefter malt fjell til steinur. Man skal være godt skodd og i god form for å ta seg fram over morenene, men belønnes med mektige inntrykk og nærkontakt med dyr og fugler som møter mennesker på vandring.

Over millenniums of time Nature's might has ground mountains into scree. Good footwear and a robust physique are a must to explore the moraines, but the reward is breathtaking views and one-on-one encounters with animals and birds.

Jahrtausende hindurch haben Naturkräfte die Berge verwittern lassen. Man muss gut in Form sein und derbes Schuhwerk haben, um über die Geröllfelder zu gehen, wird aber auf so einer Wanderung durch mächtige Eindrücke und die Begegnung mit Vögeln und anderen Tieren belohnt.

Pendant des millénaires, les forces de la nature ont transformé les montagnes en éboulis de roches. Il faut être bien chaussé et en bonne forme pour avancer sur les moraines, mais on est récompensé par des sensations grandioses et par les animaux que l'on rencontre pendant la randonnée.

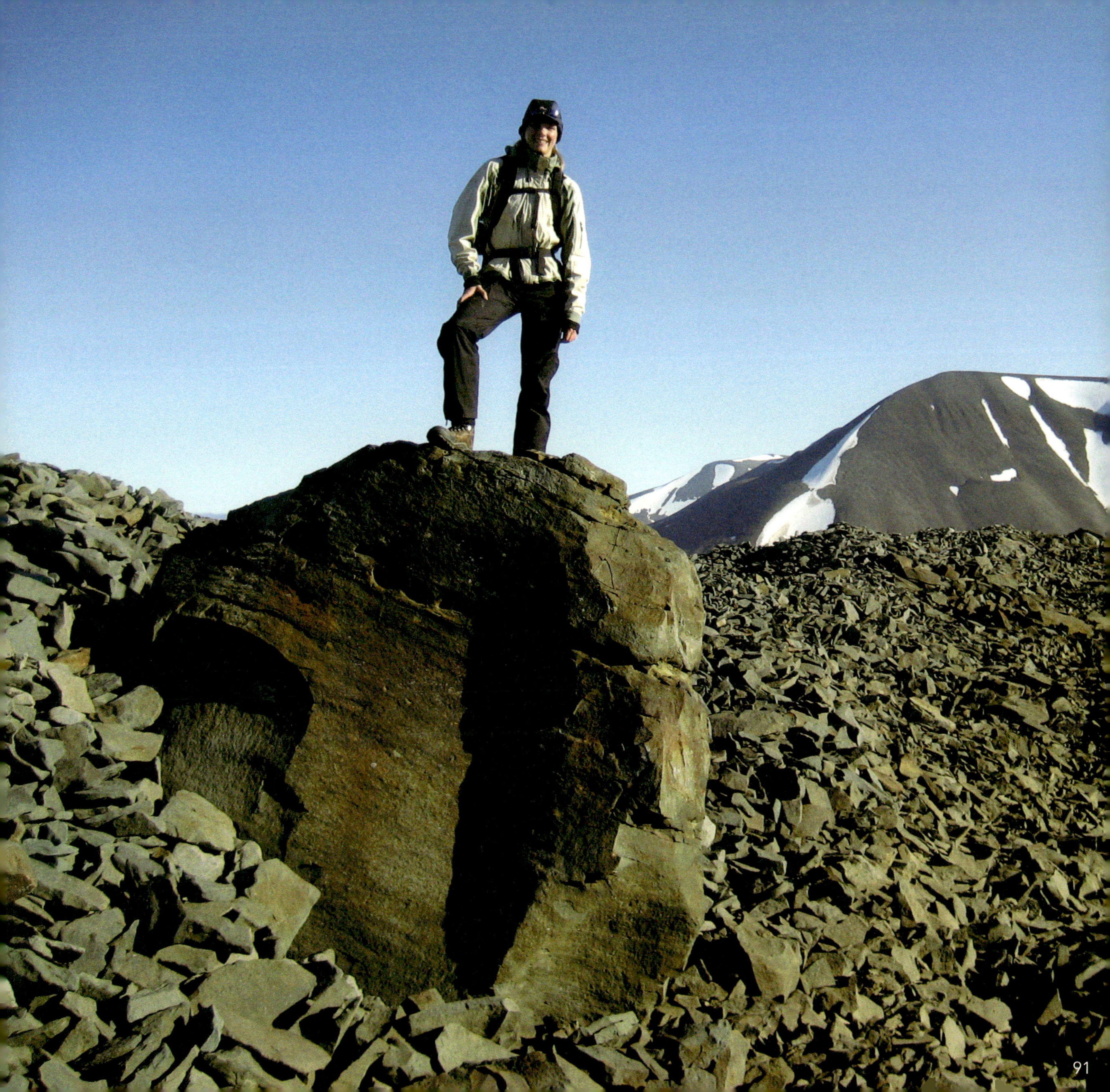

Frisk fart med hundespann opp gjennom Adventdalen. På sommerføre blir vintersledene byttet ut med sleder på hjul der det er opparbeidet vei. Polarhundene er i sitt ess når de får trekke, og valpene er åpne for menneskelig kontakt.

Racing through Adventdalen on a dog sled. In summer the winter sleds are swapped for sleds on wheels. Arctic dogs are happiest when pulling a sled, and the puppies welcome human contact.

Eine forsche Fahrt mit dem Hundegespann führt durch das Adventtal. Im Sommer wird der Winterschlitten gegen einen auf Rädern ausgetauscht, und die Fahrt geht über ausgebaute Wege. Die Polarhunde sind in ihrem Element, wenn sie nur ziehen dürfen, und die Welpen freuen sich über menschlichen Besuch.

A vive allure avec un attelage de chiens à travers la vallée d'"Adventdalen". En été, les traîneaux d'hiver sont remplacés par des traîneaux à roues sur des parcours préparés. Les chiens polaires aiment bien tirer les traîneaux et les chiots ne refusent pas les contacts humains.

94

Kajakkpadling i arktiske farvann gir en spesiell nærhet til den mektige naturen. Turoperatørene har utstyr og opplegg for opplevelsesrike padleturer, hvor også sikkerheten blir ivaretatt.

Kayak paddling in Arctic waters takes you closer to Nature. Tour operators supply equipment and programmes for invigorating paddling trips, where safety has top priority.

Kajakpaddeln in arktischen Gewässern verschafft eine besondere Nähe zu der großartigen Natur. Reiseveranstalter sorgen für Ausrüstung und Vorbereitung erlebnisreicher Paddeltouren, wo die Sicherheit gewährleistet ist.

Dans les eaux arctiques, le kayak procure une proximité particulière avec cette nature imposante. Les tour-opérateurs proposent des circuits en kayak riches en découvertes avec du matériel et des programmes parfaitement sécurisés.

"Langøysund" er en av flere båter med stasjon i Longyearbyen som sommeren igjennom går turer med turister i Isfjorden. Man kommer nær naturen og historien, og blir tatt godt hånd om med grilling på dekk.

"Langøysund" is one of several vessels at Longyearbyen station taking tourists along the Isfjord in summer. The ideal way to get close to Nature and Svalbard history, while crew members serve you food off the barbecue.

Die „Langøysund" ist eines von mehreren in Longyearbyen stationierten Schiffen, die den Sommer über Touristentouren in den Isfjord durchführen. Dabei kommt man der Natur und Geschichte näher und wird dazu an Deck gut mit einer Grillmahlzeit versorgt.

Le "Langøysund" est l'un des bateaux de Longyearbyen qui, durant tout l'été, offre aux touristes des promenades dans le fjord "Isfjorden". On approche la nature et l'histoire tout en savourant des grillades sur le pont.

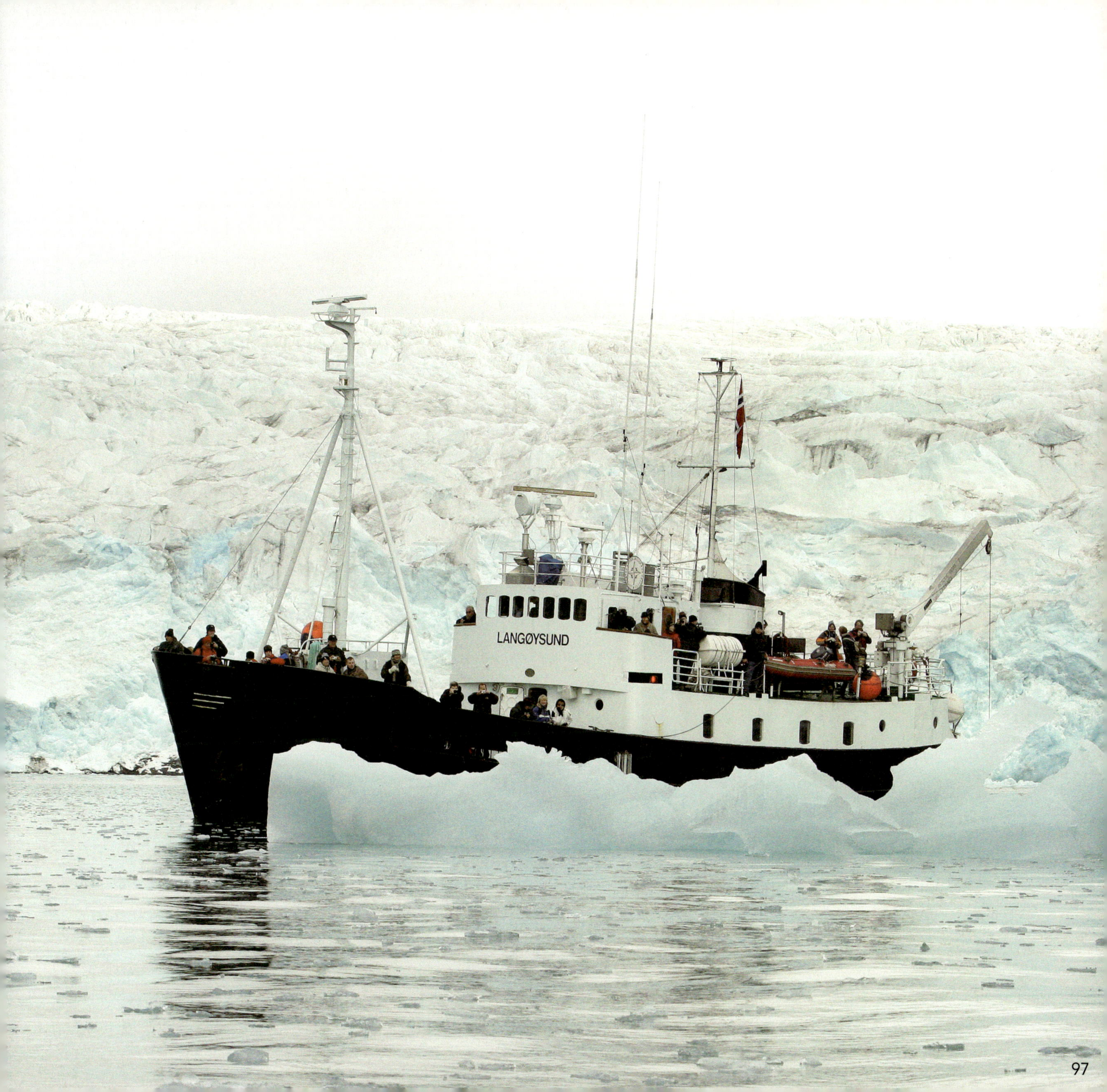
LANGØYSUND

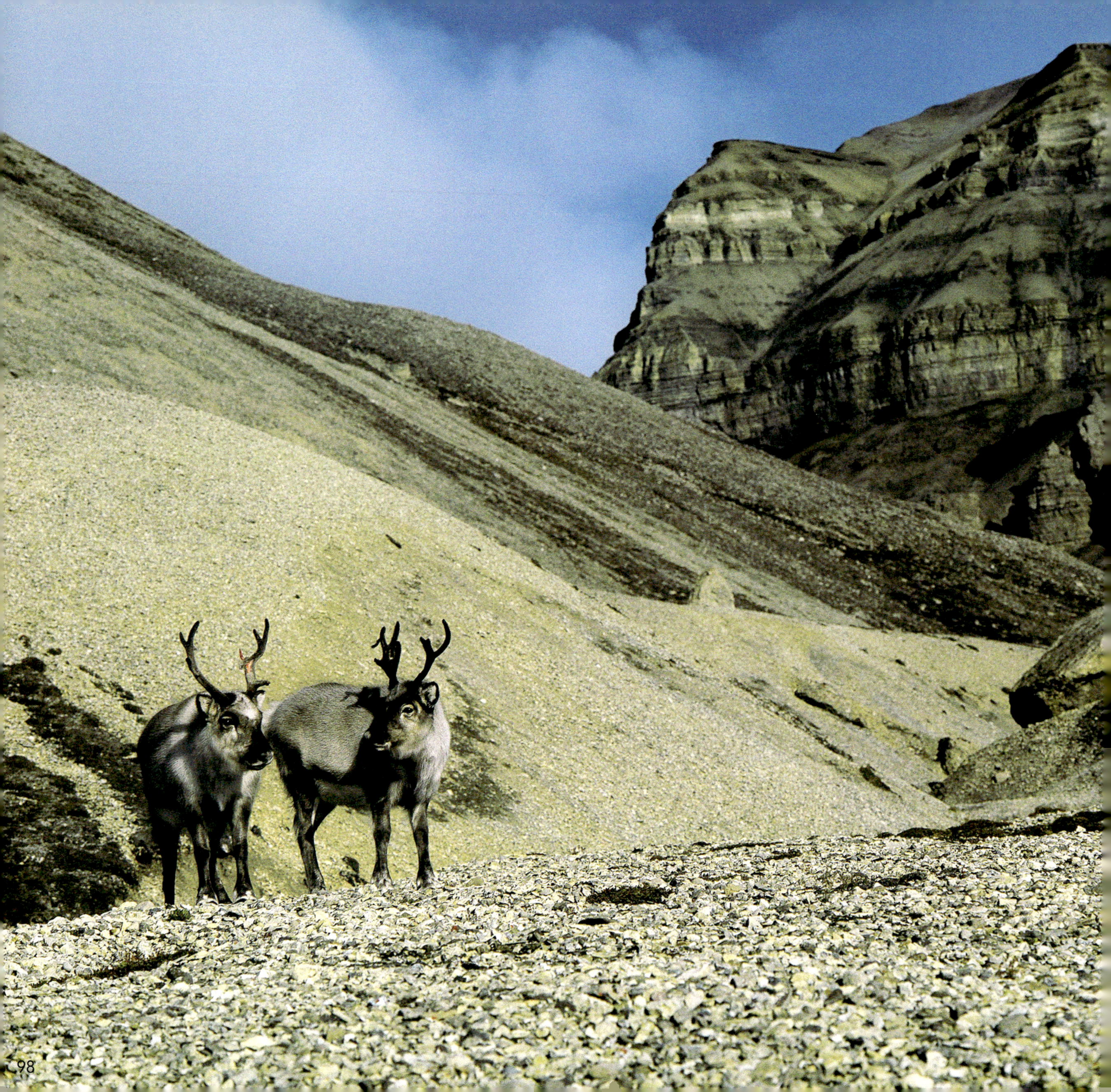

Svalbards egenartede geologi kommer godt til syne i Bjonhamna (t.v.) og i fjellet Skansen. I Skansbukta har Longyearbyen jeger- og fiskerforening hytte. Bukta preges ellers av fredede kulturminner fra et mislykket forsøk på å utvinne gips fra fjellet.

Die einzigartige Geologie Svalbards tritt am Bjonhamna (links) und am Skansen gut in Erscheinung. In der Skansbucht hat der Jäger- und Fischerverein von Longyearbyen seine Hütte. Im übrigen weist die Bucht Spuren eines missglückten Versuchs von Gipsgewinnung auf, die heute unter Denkmalschutz stehen.

Svalbard's distinctive geology is clearly visible in Bjonhamna (at left) and Mt. Skansen. Longyearbyen hunter and fishermen's association have a cabin in Skansbukta bay. A common sight in the bay are protected cultural sites originating from an unsuccessful attempt to extract gypsum from the mountain.

La géologie caractéristique de Svalbard apparaît nettement sur Bjonhamna (à g.) et "fjellet Skansen". Dans la baie de "Skansa", se trouvent les châlets de l'association des chasseurs et pêcheurs de Longyearbyen. Par ailleurs, des sites culturels protégés, datant d'essais infractueux d'extraction du gypse de la montagne, sont présents dans la baie.

Sovjetunionen satset sterkt på å bygge opp et mønstersamfunn i gruvebyen Pyramiden, med stor vekt på idrett og kultur. Pyramiden var en ettertraktet arbeidsplass, hvor det materielle også ble godt ivaretatt ved egenproduksjon av kjøtt, melk, egg og grønnsaker.

The former Soviet Union invested heavily in building up a model community in the mining town of Pyramiden, with the emphasis on sports and culture. Pyramiden was a much-coveted workplace, where material needs were also catered for as with local production of meat, milk, eggs and vegetables.

Die Sowjetunion machte große Anstrengungen, um in der Grubenstadt Pyramiden eine Mustergemeinde aufzubauen, dabei wurde viel Gewicht auf Sport und Kultur gelegt. Pyramiden war ein begehrter Arbeitsplatz, wo man mit der Eigenproduktion von Fleisch, Milch, Eiern und Gemüse auch materiell gut versorgt war.

Pour construire une communauté modèle dans la ville minière de Pyramiden, l'Union Soviétique avait beaucoup investi, spécialement dans le sport et la culture. Pyramiden était donc un lieu de travail très demandé, d'autant que le site avait sa propre production de viande, de lait, d'œufs et de légumes.

I 1998 avviklet det nye Russland driften i Pyramiden. Hele byen står slik den ble forlatt, med bygninger og installasjoner opp til gruveinnslaget i fjellsida og byste av Lenin på fremtredende plass. Driftsforholdene var vanskelige, men flere meter tykke kullag kan igjen komme til å skape nytt liv i Pyramiden.

In 1998 the new Russia wound up operations in Pyramiden. The entire town stands today as it was left, with buildings and installations up to the mine passages in the mountainside and Lenin's bust in its prominent position. Operating conditions were difficult, but a several-metre thick layer of coal could once again breathe life into Pyramiden.

1998 setzte das neue Russland dem Betrieb in Pyramiden ein Ende. Die ganze Stadt steht noch so da, wie sie verlassen wurde, mit ihren Gebäuden, Installationen, dem Grubeneingang am Berg und der Büste Lenins an herausragendem Platz. Die Abbaubedingungen waren schwierig, aber eine mehrere Meter dicke Kohleschicht könnte neues Leben in Pyramiden schaffen.

En 1998, la nouvelle Russie a abandonné l'exploitation minière de Pyramiden. Toute la ville est restée telle qu'elle était lors de son abandon, avec les bâtiments et les installations jusqu'à l'entrée de la mine sur le flanc de la montagne et le buste de Lénine figurant en bonne place. Les circonstances d'exploitation étaient devenues difficiles, mais l'existence de couches de charbon épaisses de plusieurs mètres pourrait faire revivre le site de Pyramiden.

40 km sør for Longyearbyen ligger Barentsburg, et russisk gruvesamfunn med omkring 550 innbyggere. Til tross for manglende veiforbindelse, er det god kontakt med Longyearbyen sportslig og kulturelt. Også i Barentsburg satses det på turisme, med hotell, serveringssteder og suvenirsalg. Det arrangeres guidede turer fra Longyearbyen, og mange drar dit for å oppleve russisk miljø og atmosfære på Svalbard.

40 km south of Longyearbyen is Barentsburg, a Russian mining community with around 550 inhabitants. Despite the lack of a road connection, contact is good with Longyear¬byen in terms of sport and culture. Barentsburg has also invested in tourism, with hotels, eating establishments and sale of souvenirs. Guided tours that provide a glimpse of the Russian environment and atmosphere on Svalbard, are organised from Longyearbyen.

40 km südlich von Longyearbyen liegt Barentsburg, eine russische Bergwerksgemeinde mit ca. 550 Einwohnern. Trotz fehlender Straßenverbindung ist der Kontakt auf sportlichem und kulturellem Gebiet zu Longyearbyen gut. Auch in Barentsburg setzt man auf Tourismus, es gibt ein Hotel, Restaurant und Souvenirverkauf. Von Longyearbyen aus werden geführte Touren veranstaltet. Viele fahren dorthin, weil sie die Atmosphäre Svalbards in einem russischen Milieu erleben wollen.

A 40 km au Sud de Longyearbyen est située Barentsburg, une communauté minière russe d'environ 550 habitants. Malgré le manque de voies de communication, les échanges sportifs et culturels ne manquent pas entre Barentsburg et Longyearbyen. Barentsburg investit aussi dans le tourisme. On y trouve des hôtels, des restaurants, des boutiques de souvenirs et des visites guidées sont organisées à partir de Longyearbyen. Beaucoup de personnes vont à Barentsburg pour découvrir un coin d'ambiance russe au Svalbard.

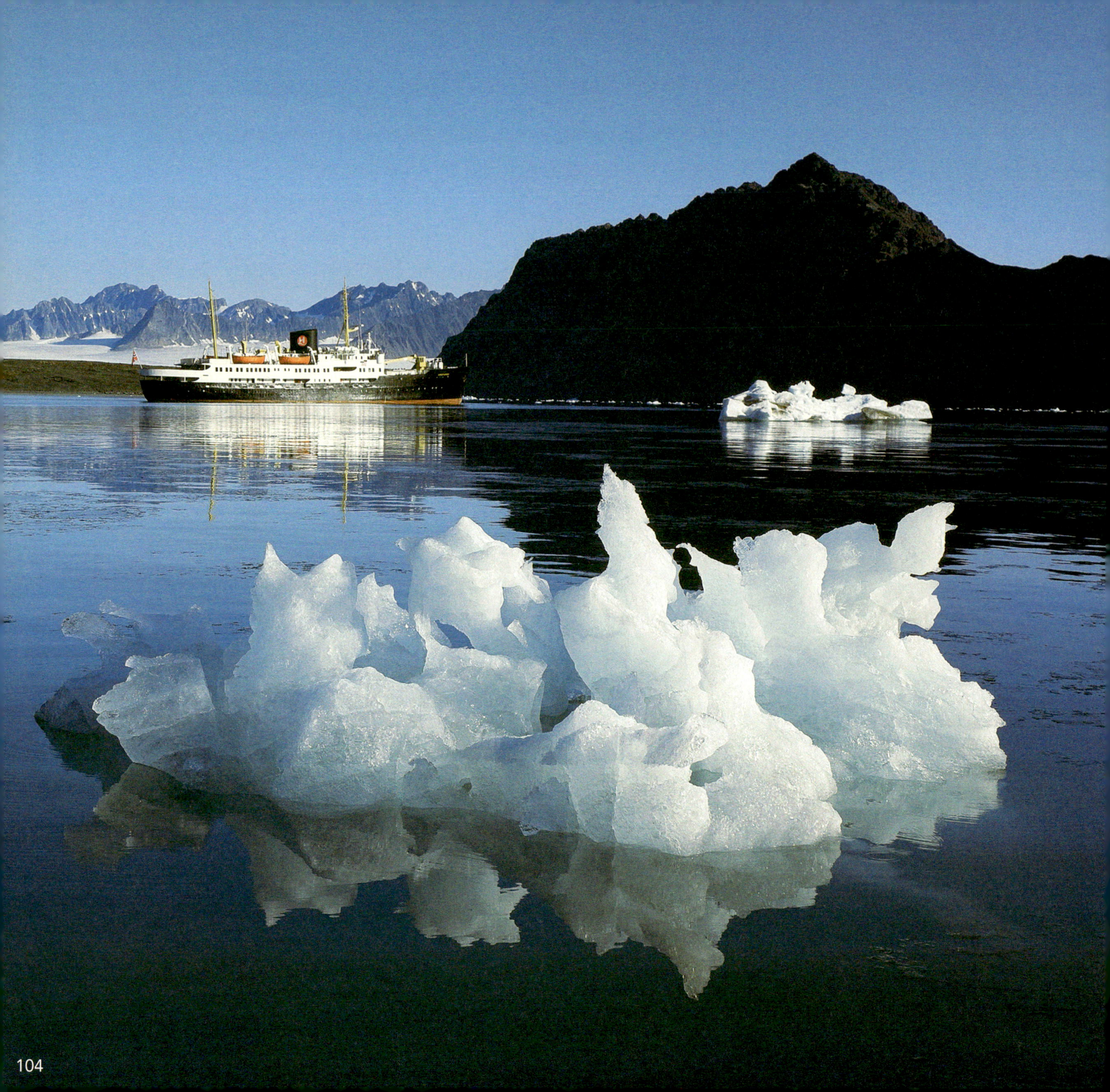

Det norske hurtigruteskipet MS Nordstjernen er på Svalbard cruise hver sommer, helt nord til 80 grader. Det er en stor opplevelsesreise, både for øyet og for ganen.

The Norwegian hurtigrute ship MS Nordstjernen sails the Svalbard cruise each summer, as far north to 80 degrees. A splendid cruise that provides a feast for the eyes and the palate.

Das norwegische Hurtigrutenschiff MS „Nordstjernen" fährt jeden Sommer auf Kreuzfahrt nach Svalbard, ganz rauf bis zum 80. Breitengrad. Das ist eine großartige Erlebnisreise, sowohl fürs Auge als auch für den Gaumen.

L'express côtier norvégien "MS Nordstjernen" effectue des croisières à Svalbard jusqu'au 80ème parallèle Nord, tous les étés. C'est une belle aventure, sans oublier les plaisirs de la gastronomie.

En tur med cruiseskip inn i fjordene på Svalbard er en opplevelse i seg selv. Enda større kan opplevelsen bli for dem som ikke lar drivisen hindre et forfriskende bad i sjøvann som holder maksimum pluss 2 grader Celsius – omkring 10 breddegrader fra Nordpolen.

A trip with a cruise ship into Svalbard's fjords is an experience in itself. Even more memorable perhaps for those who don't let drift ice prevent them from taking an invigorating plunge in sea water that is maximum plus 2 degrees Celsius – around 10 degrees latitude from the North Pole.

Eine Fahrt mit dem Kreuzfahrtschiff in die Fjorde Svalbards ist ein besonderes Erlebnis. Man kann das Erlebnis noch steigern, wenn man sich von dem Treibeis nicht von einem erfrischenden Bad im Meer abhalten lässt. Die Wassertemperatur liegt hier – nur 10 Breitengrade vom Nordpol entfernt – bei höchstens plus 2° C.

Une croisière en bateau dans les fjords de Svalbard est en soi une aventure. L'expérience est plus saisissante encore pour ceux qui n'hésitent pas à se baigner malgré les glaces flottantes: a environ 10 degrés de latitude du pôle Nord, l'eau de mer a une température maximale de 2°C!

Noen av de store cruiseskipene går rundt Spitsbergen, nordover på vestsiden og ned på østsiden gjennom Hinlopenstredet. Overalt gjelder det å holde seg på betryggende avstand fra isbreer og strender. Ved hjelp av gummibåter kan turistene gå i land på egnete steder.

Some of the large cruise ships sail around Spitsbergen, northwards on the west side and down on the east side through the Hinlopen strait. Everywhere it is important to keep a safe distance from glaciers and shorelines. With the aid of inflatable dinghies tourists can go ashore in suitable spots.

Einige der großen Kreuzfahrtschiffe umrunden Svalbard, fahren an der Westküste entlang nach Norden und an der Ostseite durch die Hinlopenstraße zurück nach Süden. Überall muss man einen Sicherheitsabstand von Gletschern und Stränden einhalten. Mit Hilfe von Gummibooten können Touristen an geeigneten Stellen an Land gesetzt werden.

Certains bateaux de croisière font le tour du Spitzberg en montant par la côte Ouest et en redescendant par la côte Est via le détroit d'Hinlopen. Il s'agit pour le navire de se tenir toujours à distance rassurante des glaciers et des plages, mais les touristes peuvent accoster dans des lieux appropriés à l'aide de canots pneumatiques.

Cruisebåtene følger kysten av Vest-Spitsbergen, gjerne til Moffen på 80 grader. En tur innom Liefdefjorden står ofte på programmet. Den store attraksjonen her er den mektige Monacobreen, hvor isfronten på nær 5 kilometer går rett i havet med en høyde på opp til 40-50 meter.

Cruise ships sail the coast of Vest-Spitsbergen, with Moffen at 80 degrees a popular stop. A side-trip in the Liefdefjord is often on the programme. The big attraction here is the magnificent Monacobre glacier, whose ice-front of almost 5 km plunges into the sea from a height of up to 40-50 metres.

Die Kreuzfahrtschiffe fahren an der Westküste Spitzbergens entlang, oft bis Moffen auf dem 80. Breitengrad. Häufig steht auch eine Fahrt in den Liefdefjord auf dem Programm. Die große Attraktion ist hier der mächtige Monacogletscher, dessen nahezu 5 km lange Eisfront mit einer Höhe von 40 - 50 m senkrecht ins Meer abfällt.

Les bateaux de croisière suivent la côte Ouest du Spitsbergen, ordinairement jusqu'à Moffen sur le 80eme parallèle Nord. La visite du fjord "Liefdefjorden" est souvent au programme. Ici, la grande attraction est le glacier "Monacobreen", dont le front de près de 5 km domine la mer de ses 40-50 mètres de haut.

Foran breene kan man ofte se isbjørn på vandring. Den leter etter mat, men har respekt for hvalrossflokken som hviler på stranda. 350 års intens jakt utryddet nesten hvalrossen på Svalbard. Den ble fredet i 1952. Etter det har bestanden tatt seg godt opp og teller nå et par tusen dyr.

You can often see polar bears wandering in front of the glaciers, on the lookout for food, but showing respect for the walrus herd resting on the shoreline. 350 years of intense hunting almost wiped out the Svalbard walruses, which gained protection in 1952. Since then stocks have recovered and now number several thousand animals.

Vor den Gletschern kann man oft streunende Eisbären beobachten. Sie suchen nach Futter, haben aber Respekt vor Walrossherden, die am Strand lagern. 350 Jahre intensiver Jagd haben das Walross auf Svalbard fast ausgerottet. 1952 wurde es unter Schutz gestellt. Seitdem hat sich der Bestand erholt und zählt heute ein paar Tausend Tiere.

Devant les glaciers, on peut souvent voir des ours polaires se déplacer. Ils sont à la recherche de nourriture mais se tiennent à distance respectueuse des troupeaux de morses qui se reposent sur la plage. Durant 350 ans, une chasse intense a presque exterminé le morse de Svalbard. Protégé depuis 1952, sa population a augmenté et compte aujourd'hui quelques 2000 individus.

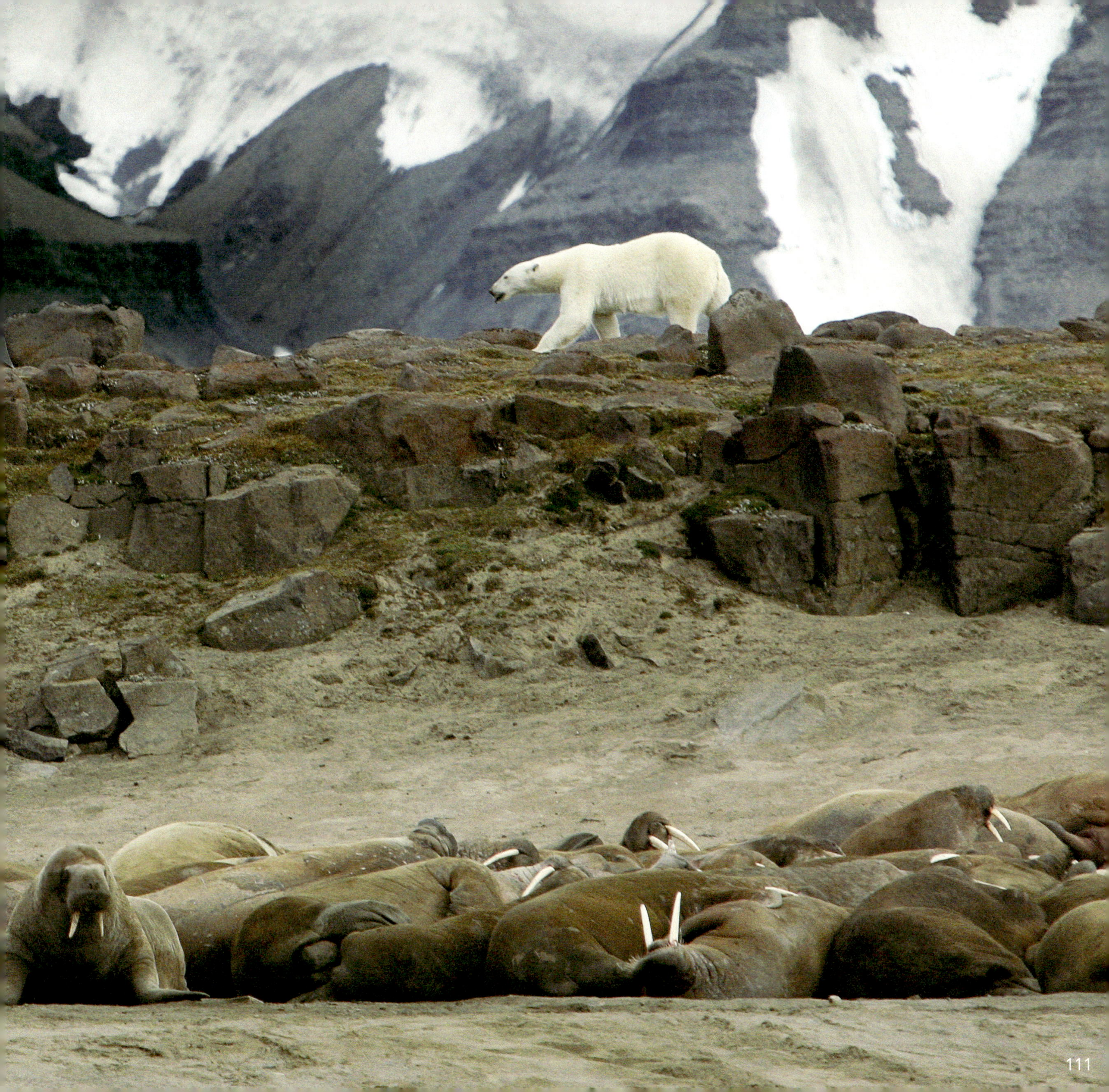

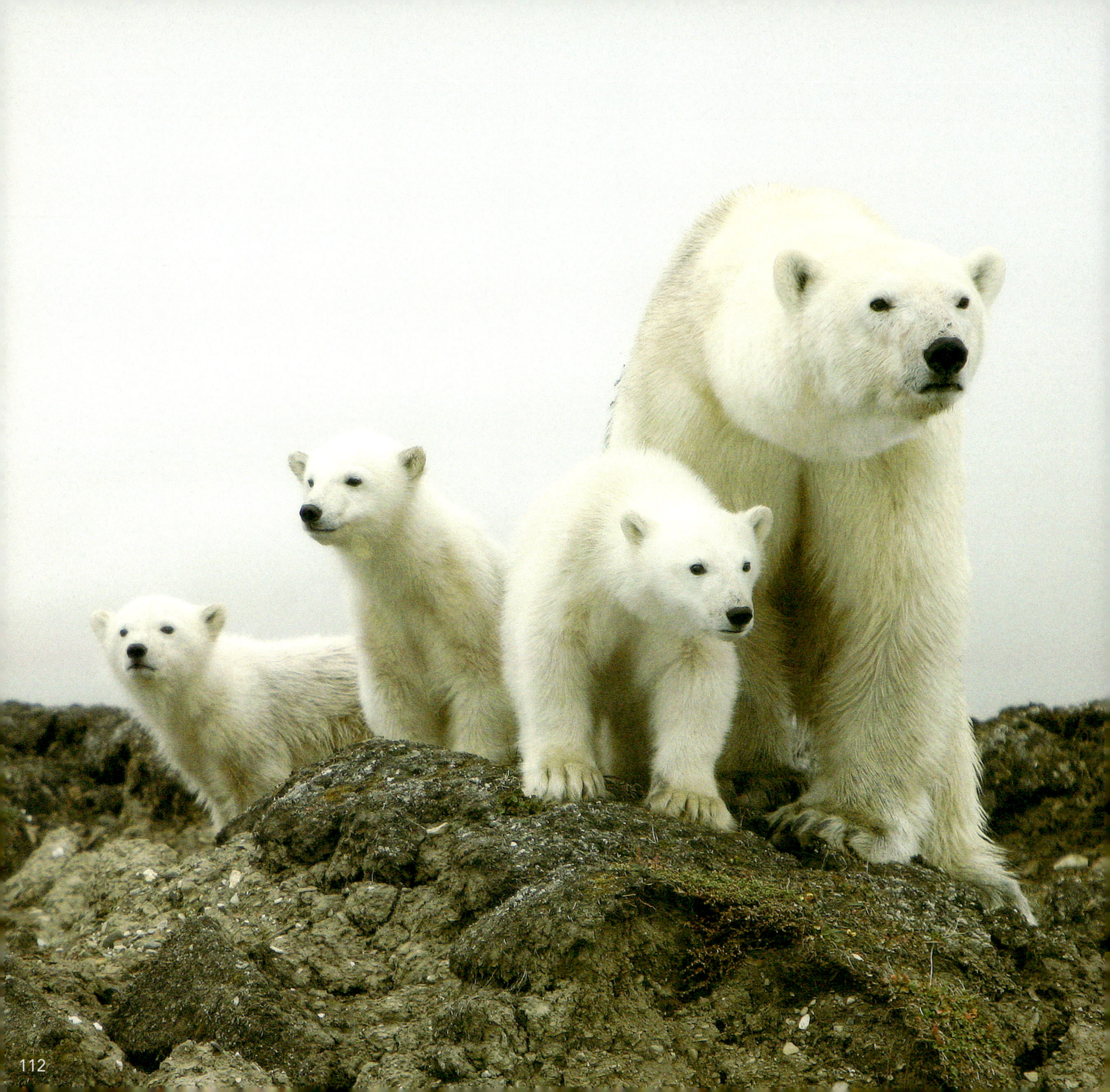

Etter at isbjørnen ble fredet i 1973, har bestanden tatt seg godt opp og teller nå omkring 3000 dyr i Svalbard-området. Hannen kan veie opp til 700 kg, med en lengde på 260 cm. Flere selarter holder til ved Svalbard. Selene er sosiale dyr som gjerne opptrer i flokk. De lever farlig når sultne isbjørner er ute på jakt.	Since gaining protection in 1973, polar bear numbers have swelled, and now tally 3000 animals in the Svalbard region. The male bear can weigh up to 700 kg, measuring 260 cm in length. Several seal species inhabit Svalbard. These are social animals, often appearing in flocks, but Life is dangerous for them when hungry polar bears are on the prowl for food.	Nachdem der Eisbär 1973 unter Schutz gestellt wurde, hat der Bestand sich erholt und zählt heute ca. 3000 Tiere im Gebiet von Svalbard. Der männliche Eisbär kann bis zu 700 kg wiegen, bei einer Länge von 260 cm. Mehrere Robbenarten halten sich in der Umgebung von Svalbard auf. Robben sind soziale Tiere, die gern in Gruppe leben. Hungrige Eisbären sind für Robben lebensgefährlich.	Protégé à partir de 1973, l'ours polaire a vu sa population augmenter: elle compte aujourd'hui environ 3000 bêtes dans la région du Svalbard. Le mâle peut peser jusqu'à 700 kg. avec une hauteur de 260 cm. A Svalbard, on trouve plusieurs sortes de phoques. Les phoques sont des animaux sociaux vivant volontier en communauté. Leur vie est en danger lorsque les ours polaires affamés sont en chasse.

70 000 besøkende finner veien til Svalbard hvert år. De er ikke de første her. Rester av mennesker og av menneskelige aktiviteter gjennom 400 år er nå fredede kulturminner i et arktisk landskap hvor nedbrytningsprosessen går uendelig langsomt.

70,000 visitors travel to Svalbard each year. They are not the first. Remains of humans and their activities over 400 years are now protected cultural memorials in an Arctic landscape where the decomposition process is incredibly slow.

70 000 Besucher finden heutzutage jedes Jahr den Weg nach Svalbard. Die ersten waren lange vor ihnen da. Die Spuren ihrer Aktivität, die Menschen seit 400 Jahren hier hinterlassen haben, stehen heute als Kulturdenkmäler unter Schutz in der arktischen Landschaft, in der die Zersetzung unendlich langsam vonstatten geht.

Chaque année, 70.000 visiteurs trouvent la route de Svalbard. Ils ne sont pas les premiers ici. Des vestiges d'occupation et d'activités humaines vieux de 4 siècles – témoignages culturels aujourd'hui sous protection – sont conservés sur cette terre arctique où le processus de décomposition est infiniment lent.

Internasjonale cruiseskip bringer hvert år omkring 33.000 passasjerer til Svalbard, i tillegg til den norske cruisetrafikken. Det er en fordobling i løpet av ti år. Mindre drivis gjør nye områder tilgjengelige for skipstrafikken.

Each year international cruise ships bring around 33,000 passengers to Svalbard, in addition to Norwegian cruise traffic. This is double the volume achieved ten years ago. Less drift ice is making new areas accessible for ships.

Internationale Kreuzfahrtschiffe bringen jedes Jahr ca. 33 000 Passagiere nach Svalbard, und zwar zusätzlich zu norwegischen Kreuzfahrern. Dies bedeutet eine Verdoppelung im Laufe von 10 Jahren. Weniger Treibeis macht neue Gebiete zugänglich für den Schiffsverkehr.

En plus du trafic des croisières norvégiennes, les bateaux de croisière internationaux amènent tous les ans quelques 33.000 passagers à Svalbard. La fréquentation a doublé en dix ans. La diminution des glaces flottantes a ouvert de nouveaux espaces au trafic maritime.

116

Sommerens evige dag er uforglemmelig, men aldri er fargespillet vakrere enn når høstmørket legger seg over Svalbard eller når den første solrødme på himmelen forteller at sola og lyset er på vei tilbake.

The endless summer day is unforgettable, but never is the symphony of colour more beautiful than when autumn darkness envelops Svalbard or when the first crimson glows appear in the sky letting us know the sun and light are on their way back.

Der ewig lange Tag des Sommers bleibt unvergesslich, doch das Farbenspiel ist niemals schöner, als wenn sich im Herbst die Dunkelheit über Svalbard zu legen beginnt oder wenn das erste Sonnenrot am Himmel die Wiederkehr der Sonne und des Lichtes ankündigt.

Les longues journées d'été sont inoubliables, mais les jeux de lumière ne sont jamais aussi beaux que lorsque les ombres de l'automne s'étendent sur Svalbard ou lorsque que les premiers rougeoiements dans le ciel nous avertissent du retour du soleil et de la lumière.

118

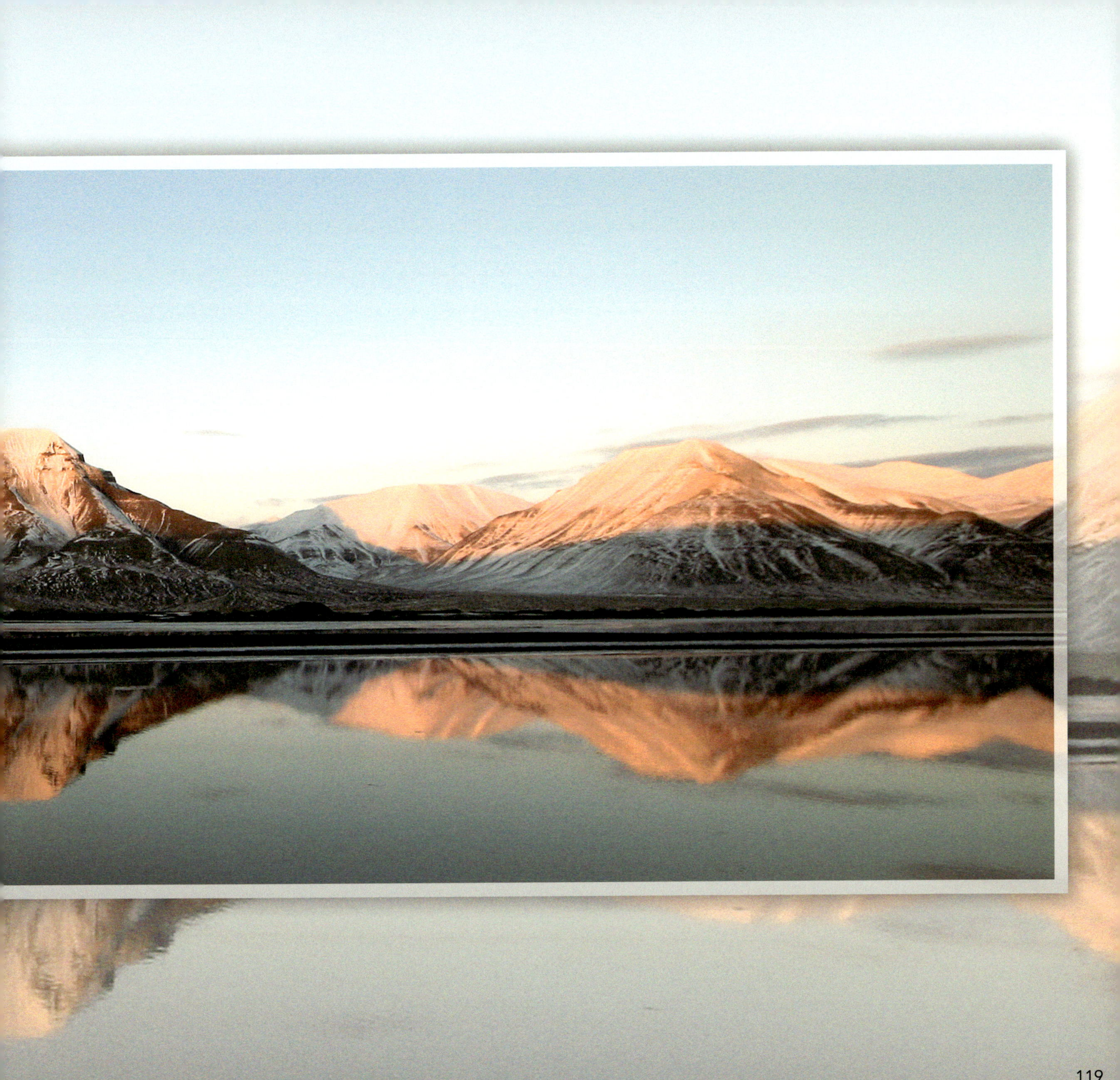

Ny-Ålesund er verdens nordligste helårsbebodde samfunn. "Kongsfjordbutikken" (over) mangedobler kundegrunnlaget om sommeren, når det er høysesong for internasjonal forskning og cruisetrafikk. Blant trivselsfaktorene er Ny-Ålesund Slag- & Blæseensemble. Verdens nordligste lokomotivsett fra gruveperioden blir tatt godt vare på.

Ny-Ålesund is the world's northernmost community. "Kongsfjordbutikken" (above) increases its customer basis many times over in summer, when it is high season for international research and cruise traffic. Entertainment includes music by local ensemble Ny-Ålesund Slag- & Blæseensemble. The world's northernmost locomotive set from the mining period is kept in mint condition here.

Ny-Ålesund ist die nördlichste ganzjährig bewohnte Gemeinde der Welt. Der Laden „Kongsfjordbutikk" (oben) vervielfacht seine Kundschaft im Sommer, wenn die internationale Forschung und der Kreuzfahrtschiffsverkehr Hochsaison haben. Eine der Freizeitfaktoren ist das Ny-Ålesunder Schlag- und Blasensemble. Der nördlichste Eisenbahnzug aus der Kohlengrubenzeit wird hier sorgfältig gepflegt.

Ny-Ålesund est la communauté la plus septentrionale au monde. En été, lors de la pleine saison de la recherche internationale, la clientèle afflue à la boutique (en dessus). L'ensemble de Ny-Ålesund, "Slag- & Blæseensemble", contribue à la bonne humeur générale. La locomotive la plus septentrionale au monde de la période minière est bien entretenue.

121

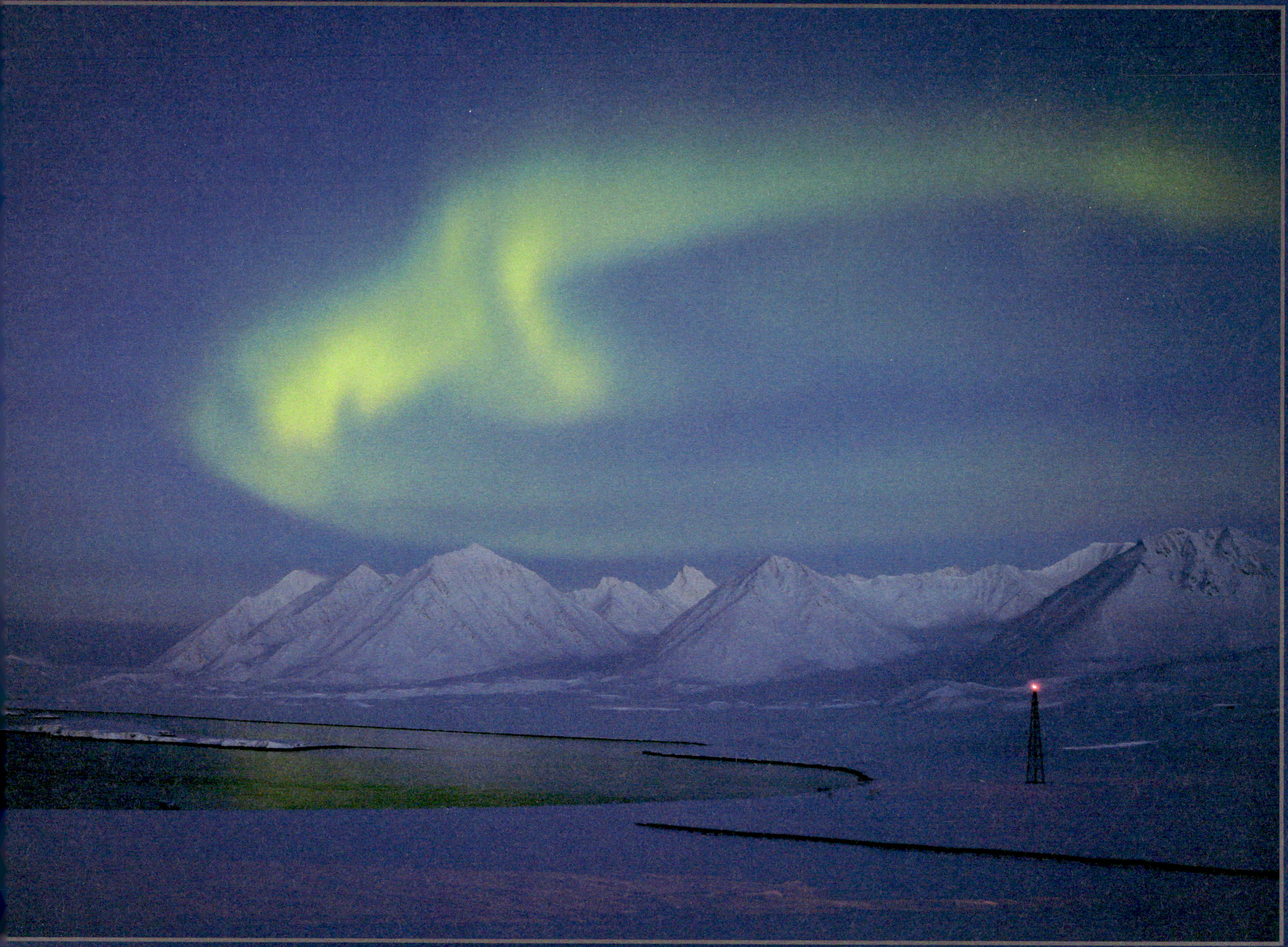

Bølgende nordlys over Ny-Ålesund. På toppen av Zeppelinerfjellet til høyre lyser det fra stasjonen til Norsk institutt for luftforskning. Til venstre lyser det fra toppen av fortøyningsmasta som luftskipet "Norge" brukte under Roald Amundsens ferd over Nordpolen i 1926.

Surging Northern Lights over Ny-Ålesund. Atop Mt. Zeppelinerfjell (at right) light emanates from Norwegian Institute for Air Research' station. At left, light from the top of the mooring mast for the airship "Norge" used during the famous explorer Roald Amundsen's journey over the North Pole in 1926.

Flackerndes Nordlicht über Ny-Ålesund. Von der Spitze des Zeppelinberges (rechts) scheint das Licht des norwegischen Instituts für Luftforschung. Links leuchtet es von der Spitze des Turmes, an dem das Luftschiff „Norge" fest gemacht war, das Roald Amundsen 1926 für seine Fahrt über den Nordpol benutzt hat.

Aurores boréales ondoyantes sur Ny-Ålesund. Au sommet du mont "Zeppelinerfjellet", à droite, la station de l'institut norvégien pour la recherche sur l'atmosphère est éclairée. A gauche, le mât d'amarrage, utilisé par le dirigeable "Norge" pendant l'expédition de Roald Amundsen sur le pôle Nord en 1926, est illuminé.

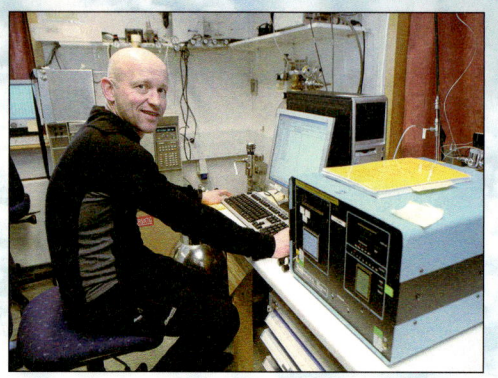

Gruvedriften i Ny-Ålesund startet i 1917 og ble stanset i 1963, etter flere alvorlige ulykker. Etter det er Ny-Ålesund utviklet til et meget viktig internasjonalt senter for arktisk forskning hvor mer enn 20 land er representert. Den tysk-franske stasjonen AWIPEV (under) er en av mange institusjoner som er etablert her. Norsk Polarinstitutt er sterkt til stede med sin forskningsstasjon.

Mining in Ny-Ålesund commenced in 1917 and ceased in 1963, after several serious accidents occurred. Ny-Ålesund then developed into a major international centre for Arctic research with over 20 countries represented here, including the German-French station AWIPEV (below). The Norwegian Polar Institute is a major presence with its research station.

Der Grubenbetrieb in Ny-Ålesund begann 1917 und wurde 1963 nach mehreren Unglücksfällen beendet. Danach hat sich Ny-Ålesund zu einem äußerst wichtigen internationalen Zentrum für arktische Forschung entwickelt, wo mehr als 20 Länder repräsentiert sind. Die deutsch-französische Station AWIPEV (unten) ist eine von vielen Institutionen, die sich hier etabliert haben. Das Norwegische Polarinstitut hat mit seiner Forschungsstation eine starke Präsens.

L'exploitation minière à Ny-Ålesund a commencé en 1917 et s'est terminée en 1963, après plusieurs accidents graves. Par la suite, Ny-Ålesund est devenue un centre international de recherche arctique très important auquel participent plus de 20 pays. La station franco-allemande AWIPEV (ci-dessous) est l'une des institutions établies ici et l'institut polaire norvégien comprend sa propre station de recherche.

Forskere fra omkring 20 land setter sitt preg på det internasjonale miljøet i Ny-Ålesund. I dag er det Kings Bay AS som står for innkvartering og drift av forskningssamfunnet, som også har verdens nordligste postkontor (øverst t.h.), 1231 km fra Nordpolen.

Researchers from around 20 countries land contribute to the international environment of Ny-Ålesund. Kings Bay AS is responsible for lodging and running of the research community, which also has the world's northernmost post office (upper right), 1231 km from the North Pole.

Forscher aus ca. 20 Ländern prägen das internationale Milieu in Ny-Ålesund. Die Kings Bay AS sorgt heute für die Einquartierung und Organisation der Forschergemeinschaft, was auch das nördlichste Postamt der Welt einschließt (ganz oben rechts), 1231 km vom Nordpol entfernt.

Le centre international de Ny-Ålesund voit se côtoyer des chercheurs de vingt nationalités différentes. L'ancienne compagnie minière s'occupe de l'hébergement et des services de la communauté scientifique, qui a aussi les bureaux de poste les plus septentrionaux au monde (en haut à g.), à 1231 km du pôle Nord.

Fly sørger for forbindelsen mellom Ny-Ålesund og Longyearbyen. Polarreven ønsker velkommen, og isbjørnen tar imot i messa. Butikken sørger for det mest nødvendige, og ellers sørger beboerne selv for trivselsaktiviteter som skirenn og solfest. Under: Kongsfjorden med Kongsbreen.

Flights connect Ny-Ålesund and Longyearbyen. The Polar fox is first to welcome you, then the polar bear. The shop stocks the essentials, and the inhabitants supply the entertainment and recreation such as skiing runs and a solar festival. Below: Kongsfjord with Kongsbre Glacier.

Flugzeuge stellen die Verbindung zwischen Ny-Ålesund und Longyearbyen her. Der Polarfuchs heißt einen willkommen und dem Eisbären begegnet man im Speisesaal. Der Laden bietet das Notwendigste, im übrigen sorgen die Bewohner selbst für ihr Wohlergehen, z. B. durch Skirennen und Sonnenfeste. Unten: Kongsfjord mit Kongsgletscher.

L'avion effectue les liaisons entre Ny-Ålesund et Longyearbyen. Le renard polaire vous souhaite la bienvenue et l'ours blanc vous reçoit dans le salon. La boutique procure le nécessaire et les habitants se chargent eux-mêmes des loisirs et des festivités, comme le ski de fond et la Fête du soleil. Ci-dessous: "Kongfjorden" avec le glacier "Kongsbreen".

127

En eventyrlig verden med breer og fjell åpner seg innerst i Kongsfjorden. Området rundt Ny-Ålesund er et av Svalbards vakreste turterreng.

A wondrous world of glaciers and mountains opens up to visitors exploring the farthest reaches of the Kongsfjord, especially in and around Ny-Ålesund.

Im Innern des Kongsfjords tut sich eine abenteuerliche Welt aus Bergen und Gletschern auf. Die Umgebung Ny-Ålesunds bietet eines der schönsten Wandergebiete Svalbards.

Au fond du fjord "Kongsfjorden", s'ouvre un monde fabuleux de montagnes et de glaciers. Les alentours de Ny-Ålesund sont l'un des terrains de randonnées les plus beaux de Svalbard.

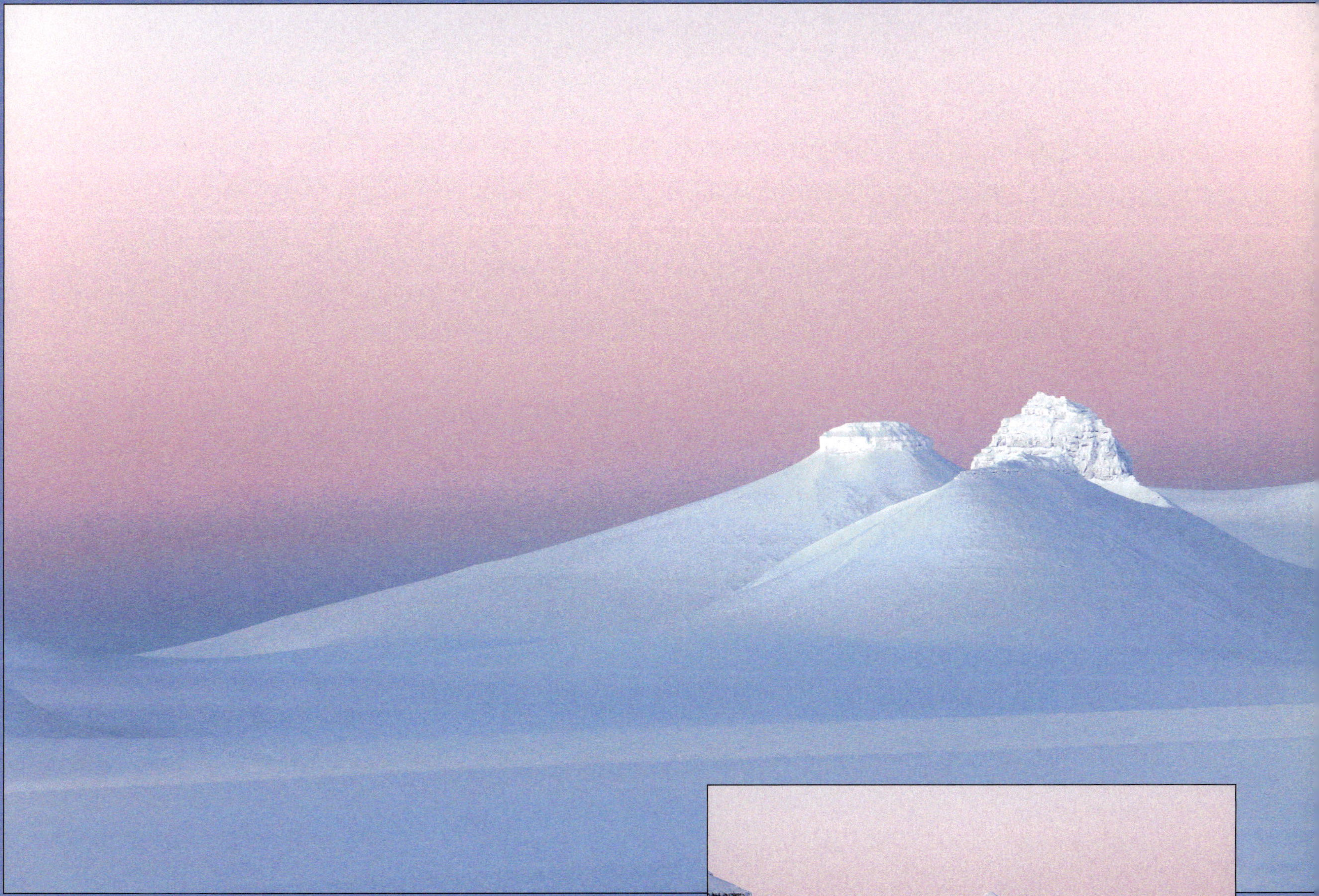

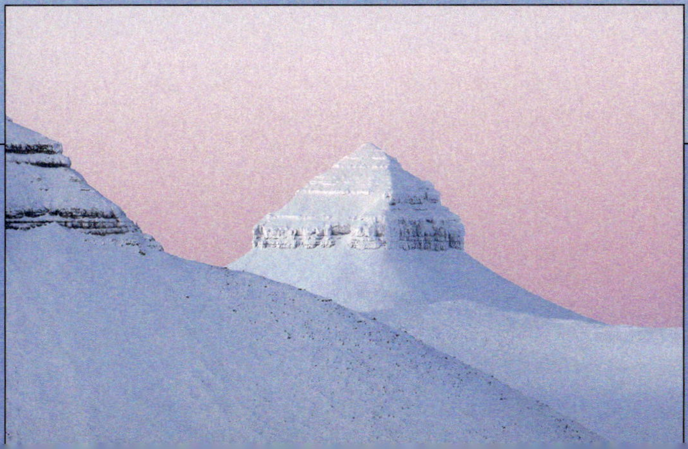

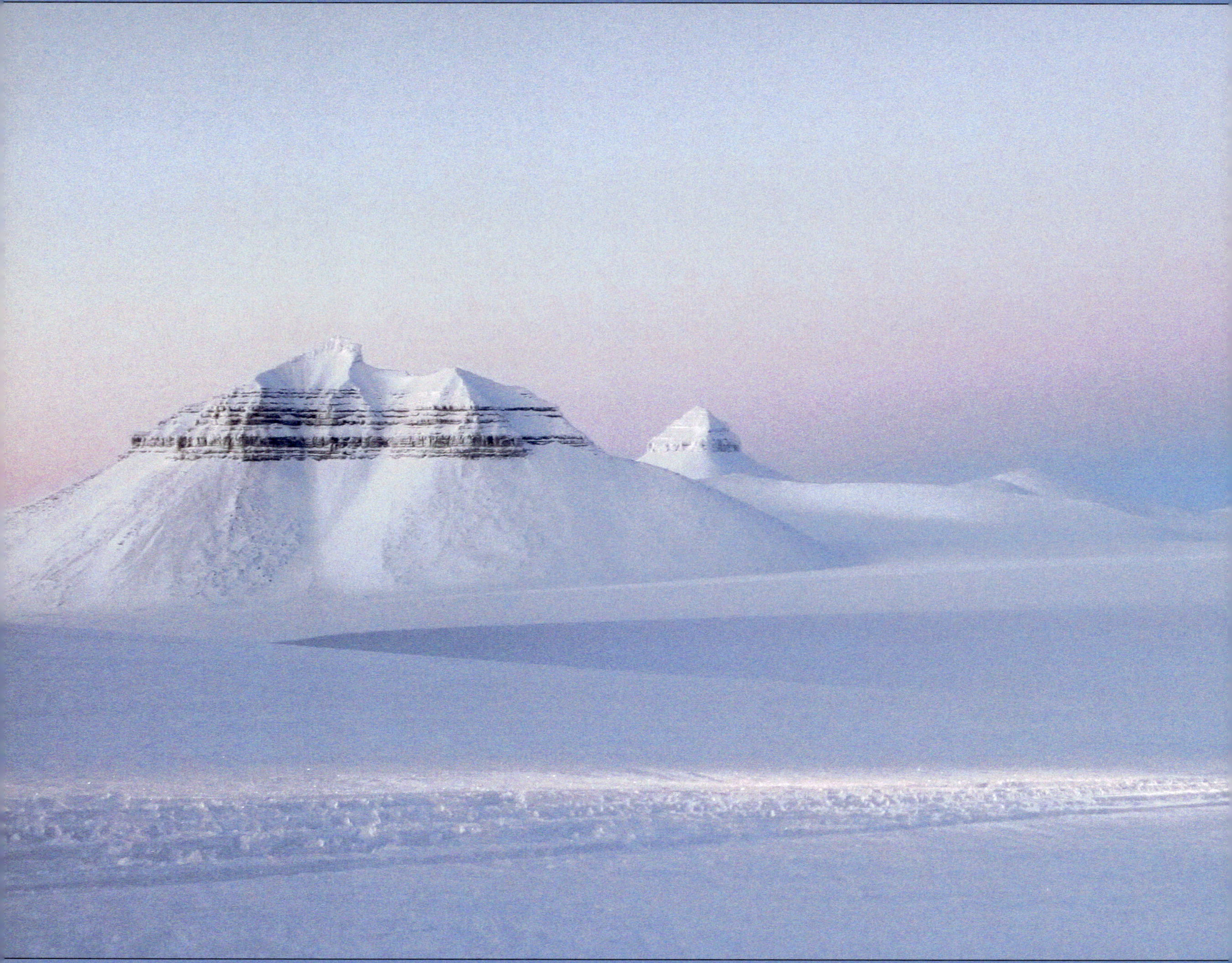

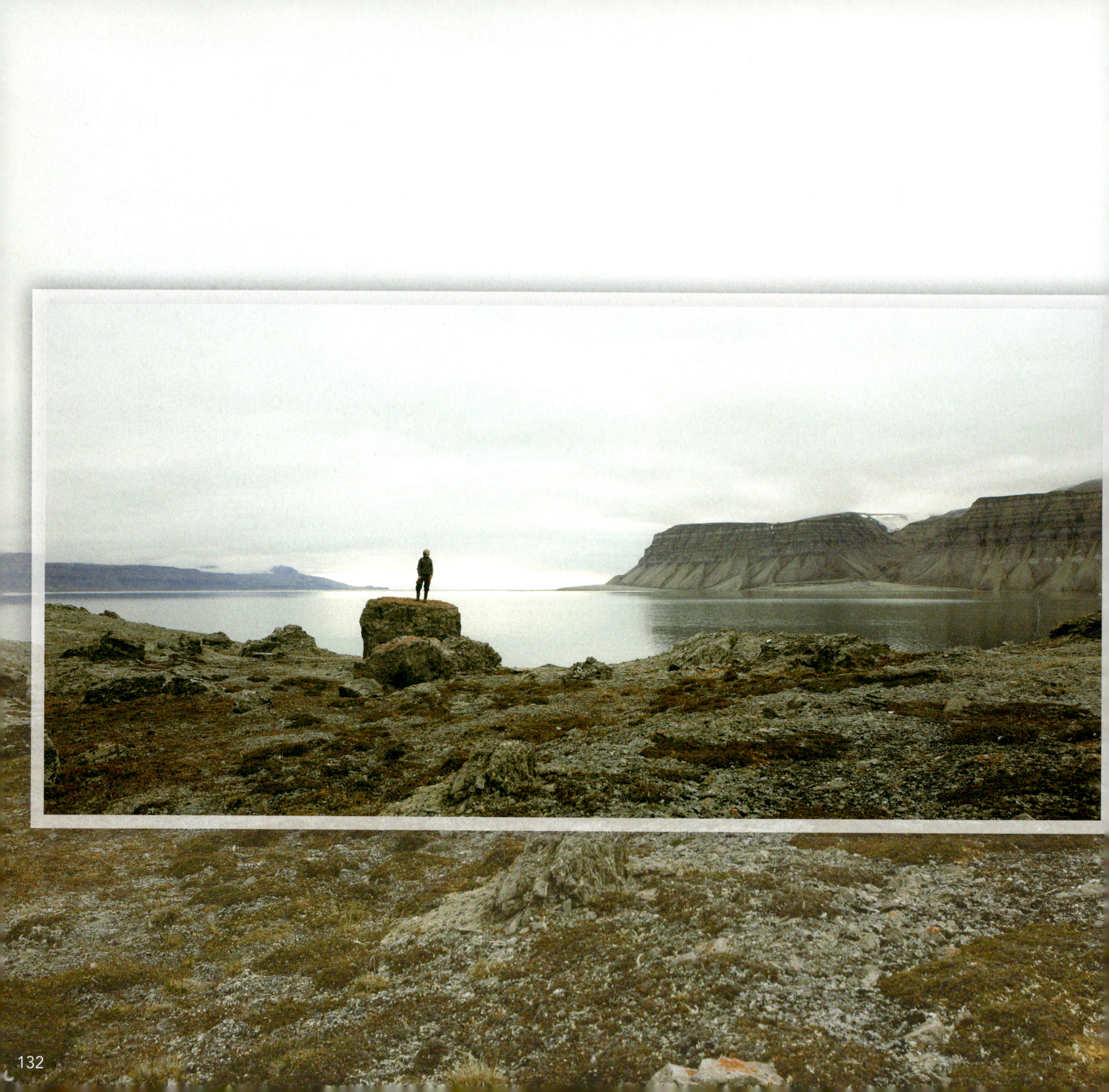

Utgiver og distribusjon:

To-Foto AS, Pb 76, 9481 Harstad, Norway.
www.tofoto.no - epost: post@tofoto.no
Tlf: 77 04 06 00 - Fax: 77 04 06 25

Manus og bilderegi:
Tommy Simonsen

Layout og design:
Roar Edvardsen

Tekst:
Malvin Karlsen

Oversettelse ved Noricom Nord AS

Foto:

Tommy Simonsen: Forsats, baksats og sidene 3, 4, 5, 6, 7, 8, 9, 10, 11, 12, 13, 14, 15, 16, 17, 18, 19, 20, 21, 22, 23, 24, 25, 26, 27, 28, 29, 30, 31, 34, 35, 36, 37, 38, 39, 40, 41, 42, 44, 45, 46, 47, 48, 49, 50, 51, 52, 53, 54, 55, 56, 57, 58, 59, 60, 61, 62, 63, 64, 65, 66, 67, 68, 69, 70, 71, 72, 73, 76, 77, 78, 79, 80, 82, 83, 84, 85, 86, 87, 88, 89, 90, 91, 92, 93, 94, 96, 97, 99, 100, 101, 102, 103, 104, 105, 106, 113, 116, 117, 118, 119, 120, 121, 122, 123, 124, 125, 126, 127, 128, 129, 130, 131, 132.

Bjørn Rasch-Tellefsen: Sidene 32, 74, 75, 90, 98, 102, 103, 108, 109, 114, 115.

Mads P. Tellefsen: Forside og sidene 83, 107, 110, 111, 112.

Harriet M. Olsen: 33.

Følgende har også levert bilder: Hilde Fålund Strøm: Sidene 43, 83, 95, 113. Sysselmannen på Svalbard: Side 23. UNIS v/Katharina Månum: laboratoriebilde side 34. Norsk Polarinstitutt v/Anne Urset, J. Ziegler, Sebastian Gerland og Haakon Hop: aktivitetsbilder side 34, 35. LNS Spitsbergen v/Frank Jakobsen, Jøran Storø og Gudmund Løvli side 62. EISCAT: måleskjema side 80.
Kongsberg Satellite Services AS: Side 81.

Stor takk til alle som velvillig har stilt opp for å gjøre denne boken mulig.

ISBN 978-82-995501-6-1

All rights reserved - Printed in Norway

Forlag og copyright: To-Foto AS, år 2008

Det må ikke kopieres fra denne boken, ref. lov om opphavsrett til åndsverk.
Henvendelse om rettigheter stilles til To-Foto AS.